Illustriert von Adam Hayes

STEVE MANN

SITZ, PLATZ, BRAV!

KINDERLEICHTE Hunde-Erziehung, die SPASS macht

Aus dem Englischen von Catrin Frischer

Rotfuchs

Dieses Buch ersetzt keine tierärztliche Beratung. Wenn Ihr Hund eine Verhaltens-störung oder ein anderes Problem aufweist, sollten Sie tierärztlichen Rat einholen. Ausführung und Anwendung der in diesem Buch beschriebenen Methoden geschehen auf eigene Verantwortung.

Deutsche Erstausgabe
Veröffentlicht im Rowohlt Taschenbuch Verlag, Hamburg, Juni 2022
Copyright für die deutsche Übersetzung © 2022 by Rowohlt Verlag GmbH, Hamburg
Die englische Originalausgabe erschien 2021 unter dem Titel
«Easy Peasy Awesome Pawsome» bei Blink Publishing/Bonnier
Books UK Limited, London.
«Easy Peasy Awesome Pawsome» Copyright © 2021 by Steve Mann und
Martin Roach (Text)
The moral rights of the author have been asserted.
«Easy Peasy Awesome Pawsome» Copyright © 2021 by Adam Hayes (Illustrationen)
Lektorat Sophie Härtling
Covergestaltung Cordula Schmidt Design, Hamburg,
nach dem Original von Bonnier Book UK
Coverabbildung Adam Hayes
Satz und Layout Konstantin Kleinwächter
Satz aus der Gill Sans
Druck und Bindung CPI books GmbH, Leck, Germany
ISBN 978-3-499-00895-5

**Dieses Buch ist denen gewidmet,
die zu allen Tieren gut sind.**

Inhalt

Das Wichtigste zuerst

Lass uns mal über deinen Hund reden

Übungen für deinen Hund und dich

Superduper Spiele

Süßes und Saures!

Die Abschlussfeier

WENN DU
GUT GENUG
BIST ...

BIST DU
ALT GENUG.

DAS WICHTIGSTE ZUERST

Jede weite Reise beginnt mit dem ersten Schritt.
Also sollten wir die wichtigsten Schritte
zuerst machen.

Zuerst lernen wir, wie wir die Lieblingslehrer unserer Hunde werden, dann werfen wir einen Blick auf
die Ausrüstung eines Hundetrainers, beschäftigen
uns mit dem Thema Sicherheit und gehen dann weiter zu den beiden Grundübungen: Sitz und Platz.

Und jetzt: Nach vorne gucken, gerade hinsetzen,
nun wird gelernt.

WILLKOMMEN IN DER WELT DES SUPERDUPER HUNDETRAININGS!

Hallo!

Ich bin Steve.

Ich war schon immer ganz verrückt nach Hunden.

Nicht bloß interessiert oder versessen darauf, mehr über sie zu erfahren … nein, richtig verrückt!

Dabei hatte ich als Junge gar nicht so ein Glück wie du, meine Familie hatte nämlich nie einen Hund, aber vermutlich war ich deshalb umso verrückter nach unseren haarigen Freunden.

Damals gab es ein paar Hunde in meiner Nachbarschaft, mit denen ich den ganzen Tag draußen gespielt habe. Die langen Sommerferien habe ich immer in Irland verbracht. Meine Verwandten dort hatten Hunde auf ihren Farmen, mit denen ich mich rumtreiben konnte.

Eines Tages – und ich kann euch gar nicht sagen, was das für mich bedeutete – machte gar nicht weit von meinem Zuhause eine Hundeschule auf!

Als ich davon erfuhr, war das für mich fast so, als würde ein Raumschiff mitten auf dem Schulhof landen oder als hätte mir jemand kostenlose Eiswaffeln auf Lebenszeit versprochen.

Die Tatsache, dass ich keinen Hund hatte, hielt ich nicht für ein Hindernis.

Ich würde AUF JEDEN FALL mitmachen!

Gleich in der ersten Woche bin ich hingegangen. Ein Junge ohne Hund unter lauter Erwachsenen MIT Hund, die auf den Beginn des Unterrichts warteten.

Als Kind war ich echt schüchtern, ich konnte Erwachsenen nicht mal in die Augen gucken, wenn sie mit mir redeten, und mit mehr als einem Ja, einem Nein oder vielleicht einem Achselzucken hab ich nie antworten können.

Aber mit Hunden sprechen? Das war leicht!

Vor der Hundeschule standen die Erwachsenen, sie unterhielten sich miteinander, die Hunde beachteten sie gar nicht. Und neben ihnen hockte ich am Boden und redete mit den Hunden, die Erwachsenen beachtete ich gar nicht.

Als auf einmal die Türen aufgingen, betrat ich mit großen Augen die schillernde Welt des Hundetrainings.

Wenn ich jetzt meine Augen zumache, kann ich immer noch die leuchtenden Farben der gestreiften Hindernisstangen im Parcours vor mir sehen oder das Klickediklack der Hundepfoten auf dem Hallenboden und das aufgeregte Lob der Hundebesitzer hören. Ich erinnere mich immer noch ganz genau daran, wie es war, die Hunde zu streicheln, mit den Fingern durch ihr Fell zu fahren. Und ich habe immer noch den Geruch der Hundeleckerlis in der Nase und den süßlichen Duft der Putzmittel, die zum Einsatz kamen, falls einer der Hunde mal einen kleinen «Unfall» hatte!

Alles kam mir größer, lauter, klarer und besser vor.

So hab ich mich gefühlt, als ich das erste Mal durch die Türen zu meinem ersten Hundetraining getreten bin – und sofort wusste ich, dass ich hier den Rest meines Lebens verbringen wollte. In der magischen Welt des Hundetrainings.

MEINE ERSTE PRÜFUNG

Bis heute erinnere ich mich noch gut an die allererste Prüfung, an der ich mit einem Hund teilgenommen habe.

Wie ihr ja wisst, hatte ich zu dieser Zeit nicht mal einen eigenen Hund.

Der Hund, mit dem ich zu der Prüfung antrat, war Flo, eine ganz schön große Rottweilerdame. Nein, vergesst das. Noch mal von vorn: Sie war nicht «ganz schön groß». Sie war sehr schön, und sie war sehr groß. Ge-nau genommen war sie RIESIG.

Und am anderen Ende der Leine war ich, ein magerer kleiner Zehnjähriger. Wie ein Äffchen, das ein Nashorn am Band hält.

Flo gehörte dem Mann, der damals drei Häuser weiter von uns wohnte. Die anderen Kinder und ich haben immer in unserer Sackgasse gespielt, und Flo war den ganzen Tag mit

uns draußen. Wenn sie ins Haus ging, dann aus denselben Gründen wie wir: weil die Sonne langsam unterging – und wir alle hungrig waren! Flo musste nicht mal zum Pipimachen nach Hause. Also, wenn ich es recht überlege … hm … ich auch nicht!!

Ich wusste, dass die Gehorsamkeitsprüfung beim Stadtteilfest anstand, ich hatte nämlich einen Flyer am Schwarzen Brett im Jugendzentrum gesehen. Drei Wochen Zeit blieben mir, um die Aufgaben für die Prüfung zu üben:

 «Bei-Fuß-Gehen» (Das musste ich nachschlagen, da muss man einen Parcours entlanggehen, und der Hund soll ohne Leine neben einem herlaufen.)

 «Dummy-Training» (Da muss der Hund etwas holen, das man geworfen hat, und dann muss er mit diesem Gegenstand im Maul vor einem sitzen bleiben, bis der Preisrichter sagt, dass man den Gegenstand nehmen soll.)

 «Platz und bleib!» (Da soll der Hund in einer Reihe mit allen anderen Hunden liegen bleiben, während man sich zehn Meter entfernt und eine Minute lang wartet.)

Mann, was haben Flo und ich hart trainiert in diesen drei Wochen!

Die Prüfung fand in den Sommerferien statt, und während

MERK DIR:

JEDES TRAINING SOLLTE SICH ANFÜHLEN WIE EIN SPIEL.

BESONDERS FÜR DEN HUND.

die meisten meiner Freunde ihre Freunde zum Spielen abholten, holte ich Flo ab, schnappte mir ihr Lieblingsspielzeug und eine Tüte voll Leckerlis, und wir gingen in den Park zum Spielen. Zum Üben, meine ich. Nein, eigentlich meine ich SPIELEN.

Ich fand das toll. Flo sollte bei der Prüfung glänzen können, das wollte ich unbedingt erreichen.

Wir wurden richtig gut in unserer Bei-Fuß-Arbeit, beim Dummy-Training und beim «Platz und Bleib!», auch wenn meine Freunde im Park alles dransetzten, um uns abzulenken, indem sie den Fußball zu uns rüberkickten … und das immer wieder! Umso besser! Ich wollte mit Ablenkungen trainieren. Denn ich wusste, dass es bei der Prüfung auf dem Platz jede Menge Ablenkungen geben würde: der Eiswagen, die Hüpfburg und Leute, die uns anglotzten, während Flo und ich unser Bestes gaben.

Es war also spitze, mit Ablenkungen zu trainieren und zu versuchen, alles so zu machen, wie es sich tatsächlich an diesem Tag abspielen würde. Aber wie sah es eigentlich mit dem WO aus?

In der Hundeschule jammerten die anderen jedes Mal, dass ihr «dummer Hund» die Übungen im Unterricht immer perfekt machte, im Park aber nichts mehr klappen würde.

«Das liegt daran, dass du nur im Unterricht übst, nicht im Park, du bist also der Dumme», sagte ich dann immer (so LEISE, dass es keiner hören konnte).

Wenn ich wollte, dass Flo bei der Prüfung entspannt und glücklich war, mussten wir an genau diesem Ort üben! Und das haben wir auch getan. Flo und ich haben jeden Tag noch ein paar Kilometer extra zurückgelegt und sind unter dem Zaun hindurch auf den Schulsportplatz gekrochen. Da sollte die Prüfung nämlich stattfinden. Wenn wir den Hausmeister kommen hörten, haben wir uns immer schnell zusammen hinter den Mülltonnen versteckt!

Wir haben genau da trainiert, wo die Prüfung stattfinden würde, damit Flo sich an all das gewöhnen konnte, was es auf diesem Platz zu sehen, zu hören und vor allem zu RIECHEN gab. Jeden Tag sind wir dort hingegangen, damit dieser Platz für Flo so was wie eine zweite Heimat wurde.

Aber glaub nicht, dass wir jeden Tag immer nur «Bei Fuß!», Dummy-Training und «Platz und bleib!» geübt haben! Nicht mal ich hätte das ertragen können! Ich habe damals gedacht – und das denke ich immer noch: Wenn dein Hund Spaß hat und mit dir zusammen sein will, dann ist alles andere

PILLEPALLE.

Ich dachte, wenn wir immer nur einen ganz kleinen Augenblick von einem tollen Spiel mit ihrem Lieblingsspielzeug entfernt wären oder dem Im-Flug-Schnappen ihrer Lieblingsleckerlis oder dem Kraulen ihres Bauchs, dann würde sie sowieso bei Fuß bleiben. Dann würde sie sowieso den Dummy zum Spielen bringen und beim «Bleib!» darauf warten, dass ich zu ihr zurückkomme.

So sah mein Plan jedenfalls aus.

Den größten Teil der Zeit verbrachten wir also einfach nur miteinander und spielten und freuten uns, dass wir zusammen waren. (Und das ist übrigens heute mein Vollzeitjob!)

Alles lief bestens …

Aber dann kam der Abend vor der Prüfung.

Selbst heute noch, vierzig Jahre später, verknotet sich alles in meinem Bauch ganz schrecklich, wenn ich daran denke, und meine Beine fühlen sich ganz weich an.

Ich lag hellwach im Bett, und mir war total schlecht, so aufgeregt war ich.

Das war eine Prüfung für Erwachsene, nicht für Kinder.

Schon wenn gar nichts Besonderes los war, konnte ich Erwachsenen nicht in die Augen zu schauen. Und morgen wollte ich da rausgehen und gegen Erwachsene antreten. Und sie ehrlich gesagt auch **besiegen**.

Der große Tag

Flo und ich gingen zur Prüfung – denselben, mittlerweile vertrauten Weg, den wir in den vergangenen Wochen jeden Tag genommen hatten. Dieses Mal fühlte sich das aber anders an. Auf dem Sportplatz waren Hunderte von Leuten und ein aufgeregtes Gewirr aus Stimmen und Lachen. Ich konnte die Glocke hören, wenn jemand beim «Hau den Lukas» bewies, wie stark er war, und den Jubel, wenn jemand beim Dosenwerfen auf einen Schlag alles abräumte.

Flo war fantastisch, schon bevor die Prüfung begann. Jedes Mal wenn lautes Jubelgeschrei ertönte oder irgendein anderes fremdes Geräusch, holte ich ihr Lieblingsspielzeug hervor oder ließ ein Stück Käse für sie fallen.

Ziemlich bald schon war jedes verstörende Geräusch das Signal für uns, einander anzugucken! Ich habe diesen Hund geliebt.

Bei der Anmeldung habe ich eine Nummer bekommen, die ich mir an die Brust heften sollte. Die Nummer war so groß, dass ich mir ziemlich viel davon in die Shorts stopfen musste!

Zehn Minuten später sollten wir in einen mit Seilen abgesperrten Bereich gehen.

Mir wurde wieder schlecht vor Aufregung. Ich weiß noch, dass ich mit Flo im Gras gesessen und ihren Bauch gerubbelt habe, während ich versucht habe, mich zu entspannen. Ich habe Flo die Ohren gekrault, und sie hat mir den Kopf in den Schoß gelegt. Da ist mir etwas klargeworden, das ich nie wieder vergessen habe:

Flo machte das alles gar nichts aus.

Flo wusste nicht, dass das eine Prüfung war.

Sie war nicht nervös.

Ihr war egal, was andere Leute dachten.

Sie wollte nur eine schöne Zeit mit mir haben und spielen.

Im Grunde war sie schlau genug zu wissen, dass sie eine Siegerschleife nicht fressen konnte!

DAS ALLER-WICHTIGSTE FÜR DICH UND DEINEN HUND IST, DASS IHR ZUSAMMEN SPASS HABT!

Cool bleiben!

Das war eine der wichtigsten Lektionen, die ich je von einem Hund gelernt habe – und glaubt mir, ich lerne wirklich jeden Tag was von Hunden.

Also holte ich tief Luft, sagte Flo, dass ich sie liebhatte, und dann marschierten wir auf den Platz, wo ich erst mal dem Preisrichter die Hand schütteln musste.

Die Leute grinsten, als wir reinkamen. Taten sie das, weil sie dachten: Wer ist denn dieser komische kleine Zehnjährige mit dem riesigen Hund? Oder, schlimmer noch: Grinsten sie, weil sie mich so süß fanden?

IIIIIIHHHH!

Mir schlug das Herz im Hals, ehe wir mit dem «Bei Fuß!» anfingen, und ich habe Flo ein letztes Mal gestreichelt … aber eigentlich wollte ich mir nur den Schweiß von den Fingern wischen!

Ich hab noch einmal tief durchgeatmet, und dann hab ich Flo angeguckt, sie hat mich angeguckt, und wir haben losgelegt …

Nun, ich kann kaum beschreiben, was dann geschehen ist.

Das geht mir auch heute noch immer wieder so, wenn das Zusammenspiel mit meinem Hund perfekt ist.

Es ist wie eine gemeinsame Wellenlänge, als würden wir uns durch eine Smarties-Röhre angucken. Alle anderen Ablenkungen gibt es einfach nicht mehr.

Ich weiß nicht, ob ich außer Flo noch irgendwas anderes wahrgenommen habe.

Ich erinnere mich nur an die Stimme des Preisrichters, der mir Anweisungen gab: «Nach links, nach rechts, Kehrtwende.»

(Eigentlich wusste ich nicht, was «Kehrtwende» bedeutete, aber ich hab richtig geraten!) Ich weiß noch, dass er beim Apportieren rief: «Wirf den Dummy», «Befehl zum Apportieren», «Befehl zum Bringen». Und schließlich beim «Platz und bleib!» weiß ich noch, dass der Preisrichter wie ein Feldwebel brüllte:

Es war vorbei.

Es fühlte sich an, als wären wir nur ein paar Sekunden im Parcours gewesen, aber all die Tage und Wochen des Übens hatten sich ausgezahlt, denn …

WIR HATTEN ES GESCHAFFT!

Am Ende des Tages mussten Flo und ich zum Preisrichter vortreten und bekamen unseren Pokal und die Siegerschleife.

Meine erste Prüfung

Den Pokal habe ich heute noch, aber nicht als Erinnerung an die Prüfung, sondern als Erinnerung an das Training.

Wisst ihr, meine Freunde hielten mich für verrückt, weil ich wochenlang trainiert hatte, nur für ein paar Minuten Spaß bei einer Prüfung – und um eine alberne Schleife zu gewinnen.

Sie kapierten es nicht.

Spaß gemacht hatte nicht nur die kurze Prüfung, Spaß gemacht hatte vor allem das wochenlange Training.

Und die alberne Schleife hab ich übrigens gegen drei Tennisbälle eingetauscht, damit Flo und ich noch ein bisschen mehr spielen konnten.

PSST! SO WIRST DU DER LIEBLINGSLEHRER DEINES HUNDES!

Was machst du lieber: Spielen oder lernen? (Sei ehrlich!)

Wie cool wäre ein Lehrer, wenn die Schüler den Unterschied zwischen seinem Unterricht und Spiel überhaupt nicht bemerken würden?!

Und genau so ein cooler Lehrer wirst du sein!

Ich möchte, dass du deinen Hund so unterrichtest, wie du am liebsten unterrichtet werden möchtest. Dazu gibt es zwei Goldene Regeln, die für euch beide gelten.

1. KEINEN DRUCK – NIEMALS!

2. SPASS MUSS SEIN!

Hunde lernen auf die gleiche Weise wie du und ich. Wenn wir uns auf bestimmte Weise verhalten und im Gegenzug dafür etwas Schönes bekommen – na klar werden wir dieses Verhalten wiederholen wollen. Noch einmal …

und noch einmal!
Und noch einmal!
Und noch einmal!
Und noch einmal!
Und noch einmal!
Und noch einmal!
Und noch einmal!
Und noch einmal!
Und noch einmal!
Und noch einmal!

Leider gibt es auch Leute mit weniger Glück, die Ärger kriegen, wenn sie etwas nicht machen. Aber das ist ein klarer Verstoß gegen unsere Goldenen Regeln – und so gehen wir GANZ BESTIMMT NICHT mit unseren Hunden um. Niemals. Das ist einfach nicht unser Stil.

Abgesehen davon: Wenn wir fies zu unseren Hunden sind, werden sie nicht gern mit uns zusammen sein wollen – und das ist ja wohl total sinnlos.

Nur ein Blödmann würde fies zu einem Hund sein.

Gut, wieder zurück zum Thema.

Wenn du gutes Verhalten mit etwas belohnst, was dein Hund so richtig gern mag, nennen das hochglanzpolierte Hundetrainer «Positive Verstärkung».

Keine Sorge, ich werde nicht weiter mit langweiligen, merkwürdigen Begriffen herumhantieren, das wäre ja

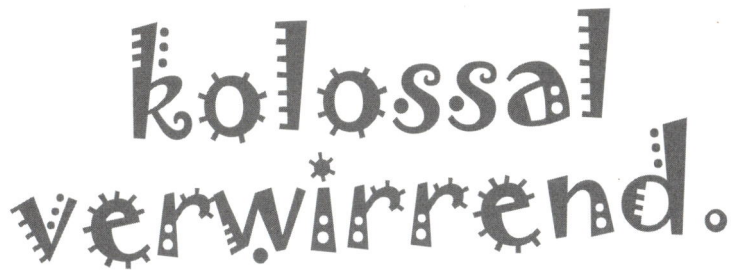

kolossal verwirrend.

Einigen wir uns einfach darauf, dass alle glücklich sind, wenn wir unseren Hunden schöne Belohnungen geben, wenn sie coole Sachen machen.

«Das ist ja alles schön und gut», höre ich dich sagen (für dein Alter drückst du dich ganz hervorragend aus, oder?), «aber was ist, wenn mein Hund sich schlecht benimmt?»

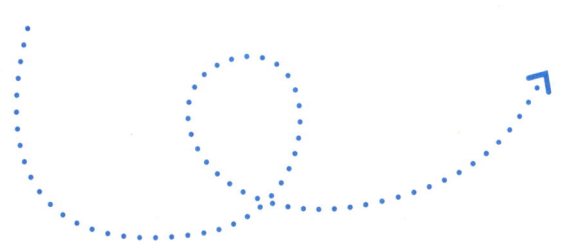

FÜR EINEN HUND GIBT ES SO WAS WIE GUTE ODER SCHLECHTE VERHALTENSWEISEN NICHT.

ES GIBT NUR VERHALTEN.

Auch darauf habe ich eine Antwort!

Hunde machen Sachen, um sich eine Belohnung zu verdienen.

Aber der **SUPERDUPER HUNDETRAINER** (DU!) weiß, dass er seinem Hund, der zum Beispiel an Besuchern hochspringt oder an der Leine zieht, beibringen muss, was er STATTDESSEN machen soll.

Wir müssen unseren Hund belohnen, wenn er ein besseres Verhalten zeigt.

Ich will dir ein Beispiel geben …

Sagen wir mal, dein Hund hat die Gewohnheit, an der Leine zu zerren, wenn er einen anderen Hundekumpel sieht und ihn gerne begrüßen möchte.

Wenn dein Hund an der Leine zieht und du ihn zu dem anderen Hund rüberlaufen und hallo sagen lässt, belohnst du ihn damit aus Versehen. Und rate mal, was dein Hund dann das NÄCHSTE Mal tun wird, wenn er einen anderen Hund sieht? Richtig, er wird wieder an der Leine ziehen!

KATASTROPHE!

Bleiben wir bei diesem Beispiel: Wenn dein Hund einen anderen begrüßen möchte, solltest du warten, bis dein Hund DICH anguckt. ERST DANN sagst du: «Na, dann lauf und sag hallo!», und dann lauft ihr beide los zur Hundebegrüßung.

Wenn dein Hund dich anguckt, ist das ein schöneres Verhalten, als an der Leine zu ziehen, und du belohnst es, indem er seinen Wunsch erfüllt bekommt.

Und hier ist noch ein Beispiel: Was machst du, wenn dein Hund den Besuch anspringt, um hallo zu sagen?

Ganz einfach!

Bring dem Hund bei, dass der Besuch ihn nur begrüßt, wenn sein Hinterteil auf dem Boden ist. (Das Hinterteil vom Hund, nicht das vom Besuch. Das wäre seltsam. Lustig, aber seltsam.)

In diesem Beispiel ist Sitzen statt Springen ein klasse Verhalten für den Hund, denn wenn er nicht gerade ein Hund mit magischen Fähigkeiten ist, wird er nicht in ein und demselben Moment sitzen und springen können.

Und mit viel Spaß beim Üben – was glaubst du, wird dein Hund unbedingt und auf jeden Fall machen, wenn er das nächste Mal vom Besuch begrüßt werden möchte?

Du hast es erraten: SITZ!

Das hier ist also der Plan: Damit dein Hund in Zukunft kein unerwünschtes Verhalten zeigt, bringst du ihm bei, was er STATTDESSEN tun soll. Und dabei vergisst du nicht, ihm ganz viele Belohnungen zu geben, wenn er es richtig macht!

Von welchem Lehrer möchtest du lieber unterrichtet werden? Von dem, der mit dir schimpft, weil du im Unterricht aufstehst, oder von dem, der dir ein Bonbon gibt, weil du im Unterricht auf deinem Stuhl sitzen bleibst?

Ich weiß, welcher mir lieber wäre!

DIE AUSSTATTUNG

Wie ich schon sagte, ich hatte gar keinen Hund, als ich so alt war wie du. Also habe ich Rasen gemäht, Autos gewaschen UND Zeitungen ausgetragen, um Leckerlis und Spielzeug für die Hunde von ANDEREN LEUTEN zu kaufen. Und jetzt, wo ich ganz und gar **erwachsen** bin und mit fünf tollen Hunden zusammenlebe, kann ich immerzu Sachen für sie kaufen!

Wichtig ist aber, die RICHTIGEN Sachen zu kaufen – aus verschiedenen Gründen, darunter Sicherheit, Bequemlichkeit und wegen der Qualität. Zum Beispiel nützt es nichts, wenn du ein Hundespielzeug kaufst, das zwar gut aussieht, aber

innerhalb von nur fünf Sekunden, nachdem du es dem Hund geschenkt hast, in tausend Stücke zerfetzt ist.

Lass uns mal einen Blick auf ein paar Dinge werfen, die du unbedingt für deinen Hund brauchst. Wenn du sie noch nicht hast, dann setze sie auf deinen Wunschzettel oder den von deinem Hund.

Leine

Eine gute Leine kann ein Lebensretter sein. Achte darauf, dass sie gut in der Hand liegt, aus einem starken Material gefertigt ist und dass der Karabiner verlässlich funktioniert. Ich mag Leinen am liebsten, die ungefähr zwei Meter lang sind. Die kann ich kürzer nehmen, wenn es nötig ist. Aber wenn mein Hund schön neben mir läuft, kann die Leine wie ein Grinsemund entspannt runterhängen.

Geschirr

Wenn du einen Hund hast, der gern mal an der Leine zieht, ist ein Geschirr viel bequemer als ein Halsband! Achte darauf, dass das Geschirr gut passt und weder scheuert noch drückt – du möchtest deinen Hund ja nicht quälen.

Halsband

JETZT fängt das Einkaufen an, so richtig Spaß zu machen! Es gibt eine riesige Auswahl an megatollen Halsbändern. Da kann die Entscheidung schon schwerfallen. Achte auf jeden Fall darauf, dass es gut passt. Zu locker darf es nicht sitzen, aber zwei Finger sollten noch bequem zwischen Halsband und Hundehals passen. Dann weißt du, dass es nicht zu stramm sitzt.

Schleppleine

Eine Schleppleine (oder Trainingsleine) ist fünf bis zehn Meter lang. Du hakst sie am Hundegeschirr fest (auf keinen Fall am Halsband, das könnte den Hund würgen). Das kann echt nützlich sein, wenn du den Rückruf übst (siehe Seite 100) oder wenn es dir recht ist, dass dein Hund ein kleines Stück von dir entfernt herumschnuppert, du ihn an dieser Stelle aber nicht ohne Bedenken ganz ohne Leine laufen lassen kannst. Denk immer dran: Sicherheit steht an erster Stelle!

Leckerlis

Belohnungen sollten immer richtig lecker sein (lass dich von deinem Hund beraten!) und am besten schön klein, sodass dein Hund sich zwar drüber freut, aber nicht zu schnell einen vollen Bauch bekommt. Besonders empfehlen kann ich Belohnungen, die gut in der Hand liegen, so wie kleine Stücke Hühnerfleisch, Käsewürfel oder in Scheiben geschnittene Würstchen.

Nimm dir einen Nachmittag Zeit mit deinem Hund und finde heraus, was seine Lieblingsbelohnung ist. Das wird mit Sicherheit der schönste Nachmittag in seinem ganzen Hundeleben!

Bereite zehn verschiedene Auswahlmöglichkeiten vor und beobachte jedes Mal genau, wie dein Hund reagiert, wenn du ihm eine davon gibst.

Lass deinen Hund durch deine Finger am Leckerli schnuppern, bevor er es fressen darf.

Bei welchem Leckerbissen schlägt der Wedelschwanz-o-meter deines Hundes am heftigsten aus? Was sprengt die Skala? Das Wichtigste an Hundeleckerlis ist, dass der Hund sie LIEBT! Deine Freunde mögen vielleicht auch nicht alles, was du gern magst. Und genau wie du haben auch Hunde ganz persönliche Vorlieben. Also, hab keine Angst, mit ein paar ganz verschiedenen Leckereien herauszufinden, was dein Hund am allerliebsten mag.

WARNUNG

Einige Lebensmittel, etwa Schokolade, Weintrauben oder Rosinen, sind giftig für Hunde!

Leckerlibeutel

Also, wenn es nach deinem Hund geht, hast du immer einen Leckerlibeutel dabei, wenn ihr trainiert oder zusammen spazieren geht – das weiß ich ziemlich sicher! Aber du sollst unbedingt drauf achten, dass der auch groß genug ist, damit haufenweise leckere Belohnungen darin Platz haben, hat mir dein Hund gesagt. Besorg dir also einen Beutel für Leckerlis, den du am Hosenbund anhaken oder festklemmen kannst, oder – noch besser – einen mit einer Schlaufe, durch die du den Gürtel ziehen kannst. Dann reißt das Gewicht von den vielen Leckerlis dir die Jeans nicht runter – und du stehst nicht plötzlich ohne Hose da. (Räusper, ich kenne da jemanden, dem das passiert ist.)

Kackibeutel

Als superduper Hundetrainer musst du natürlich auch Verantwortung übernehmen. Dann hebst du den Haufen deines Hundes immer mit einem Kackibeutel auf und wirfst ihn in dafür vorgesehene Behälter. Wenn du Glück hast, dann übernehmen das deine Mama oder dein Papa! Es ist nicht so angenehm, aber das muss jeder machen. Achte darauf, dass die Beutel was aushalten können. Nichts ist schlimmer, als eine warme Überraschung in der Hand.

Spielzeug

Ich sage den Leuten, die zu mir in die Hundeschule kommen, immer, dass es bei einem Spielzeug nicht darauf ankommt, was es ist, sondern, was es tut. Wie spielt dein Hund gern? Zerrt er gern? Rennt er gern einem Ball hinterher? Egal, welches Spielzeug du auswählst, achte darauf, dass ihr beide zusammen Spaß am Spiel haben könnt.

Superduper TIPP: AM BESTEN BESORGST DU DIR ZWEI GANZ GLEICHE SPIELZEUGE. WENN DEIN HUND BEIM SPIELEN SPIELZEUG #1 NICHT HERGEBEN WILL, HOL SCHNELL SPIELZEUG #2 HERVOR UND SPIEL SELBER DAMIT. WENN DEIN HUND SIEHT, WIE VIEL SPASS DU MIT SPIELZEUG #2 HAST, WIRD ER GANZ SCHNELL SPIELZEUG #1 FALLEN LASSEN!

Kausnacks

Hunde kauen für ihr Leben gern. Das ist gut für ihre Zähne und hilft ihnen beim Entspannen. Wenn dein Hund kaut, werden jede Menge schöne Gefühle freigesetzt – ein bisschen so wie bei dir, wenn du ein Eis isst!

Es gibt viele unterschiedliche Arten von Kausnacks. An einem Tag zieht dein Hund vielleicht lieber eine weichere Kaustange vor, am nächsten einen härteren Knochen oder ein Stück Rinderkopfhaut. Gib deinem Hund viele Gelegenheiten zum Kauen und Entspannen. Dann kommt er gar nicht auf die Idee, vielleicht deine Hausaufgaben zu zerkauen! (Oder vielleicht doch?)

Das Hundebett

Nach einem langen Tag voller Spiel und Abenteuer liebe ich es zu sehen, wie meine Hunde sich zur Nacht in ihre Körbchen kuscheln. Außerdem ist es ein guter Platz für deinen Hund, um sich am Tag mal zurückzuziehen, denn er braucht viel mehr Schlaf als wir Menschen.

Achte darauf, dass das Hundebett nicht zu groß für deinen Hund ist, denn er möchte sich zusammenrollen und sich sicher fühlen. Aber achte auch darauf, dass es nicht so klein ist, dass sämtliche Beine über die Kante baumeln! Ab und zu muss das Bett gewaschen werden, damit nicht irgendwelche Krabbeltiere die friedlichen Träume deines Hundes stören (und damit es im Haus nicht zum Himmel stinkt).

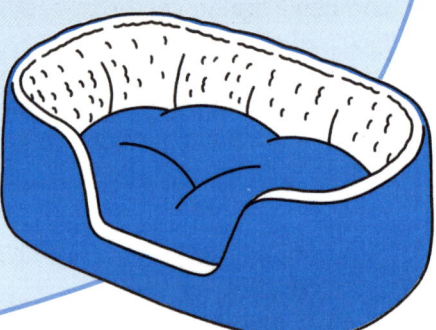

SICHERHEIT GEHT VOR

Hunde sind einfach das Allerbeste, aber wie mit allen wertvollen Dingen im Leben muss man behutsam sein.

Wenn ich früher mit meiner Mutter einen feinen Laden betreten habe, musste ich die Hände in die Hosentaschen stecken, weil ich immer so ungeschickt war und teure Sachen von den Regalen gestoßen habe! Keine Sorge, ich zwinge euch nicht, die Hände in den Taschen zu lassen, wenn ihr mit eurem Hund zusammen seid. Aber wir werden ein paar einfache Regeln aufstellen, dann sind alle

SICHER UND ZUFRIEDEN.

Regel 1 Nähere dich niemals einem unbekannten Hund ohne die Erlaubnis des Besitzers oder deiner Eltern.

Die Versuchung ist groß, ich weiß, aber der Hund könnte ängstlich sein oder verletzt, oder er hat kein Vertrauen zu Menschen. Als Kind habe ich mal einen GROSSEN Fehler gemacht und bin im Krankenhaus gelandet, nachdem ich dummerweise versucht habe, einen unbekannten Hund zu knuddeln. Der Hund hatte keine Schuld, aber ich. Lernt aus meinem Fehler!

Regel 2 Bleib beim Spielen vernünftig.

Stütze dich niemals auf deinem Hund ab und dosiere die Kraft beim Spielen angemessen. Wenn ich mit meinem Staffordshire Bullterrier Pablo ein Zerrspiel mache, darf ich ein bisschen mehr Kraft einsetzen als beim Spielen mit Nancy, meinem Chihuahua. (Obwohl Nancy glaubt, sie sei der stärkste Hund der Welt!)

Regel 3 — Lass das Spiel nicht ausarten.

Beim Spielen können Hunde manchmal so aufdrehen, dass sie ein bisschen überdrehen. Spielen ist toll, aber erlaube deinem Hund nicht, zu wild zu werden. Alarmzeichen sind schrilles Kläffen, ein starrer Blick oder dass ihr Körper steif wird. Wenn der Hund sich zu sehr aufregt, ist der Spaß vorbei. Ich verlasse mich also auf dich als superduper Trainer, dass du diese Alarmzeichen erkennst und deinem Hund hilfst, sich wieder sicherer und entspannter zu fühlen. Zum Beispiel könntest du das Spielzeug verschwinden lassen und für deinen Hund einfach ein paar Leckerlis zum Schnuppern und Genießen verstreuen. Schnuppern hilft deinem Hund beim Entspannen, und wenn er bereit ist, kannst du ihm vielleicht eine Kaustange geben, mit der er sich verziehen kann.

Regel 4 | Erkenne, wann du Abstand halten musst.

Superduper Trainer nähern sich keinem Hund, der gerade frisst oder schläft. Sie nähern sich keinem Hund, wenn er krank oder verletzt ist, und sie laufen ganz bestimmt nicht hinterher, wenn der Hund versucht, ihnen aus dem Weg zu gehen.

Auf gar keinen Fall soll der Hund denken, wir wollten ihm das Futter wegnehmen. Wie würdest du es finden, wenn dir nächstes Mal bei McDonald's jemand über die Schulter langt und dir die Pommes aus der Tüte klaut? Nicht so gut, vermute ich mal!

Wenn ein Hund verletzt oder krank ist, möchte er nicht böse mit dir sein. Aber vielleicht hat er das Gefühl, sich verteidigen zu müssen, und knurrt oder beißt, um dir zu verstehen zu geben, dass du weggehen sollst. Er könnte irrtümlich denken, dass du etwas mit seinen Schmerzen zu tun hast, oder befürchten, dass du die Schmerzen noch verschlimmerst. Das wollen wir dem Hund natürlich nicht antun.

Regel 5 Frag um Erlaubnis.

Fragen führt zum Ziel!

Mit Regel I habe ich vorgeschlagen, dass du dir immer die Erlaubnis vom Hundebesitzer oder von deinen Eltern holst, bevor du zu einem unbekannten Hund Kontakt aufnimmst. Wenn du aber noch schlauer sein willst, holst du dir auch noch die Erlaubnis vom Hund!

Statt auf den Hund zuzugehen, hockst du dich hin, streckst die Hand aus, und wenn er sich wohl dabei fühlt, kommt der Hund zu dir und zeigt dir, wo er am allerliebsten von dir gekrault werden möchte.

Und wenn der Hund nicht zu dir kommt, dann hast du die doppelte Punktzahl verdient! Dann hast du nämlich die Situation richtig gut eingeschätzt und hast dem Hund die Wahl gelassen, ob er zu dir kommt oder nicht. Du warst reif genug zu akzeptieren, dass er in dem Moment keinen Kontakt wollte.

Gut, dass du dich so rücksichtsvoll verhalten hast.
DANKE SCHÖN!

Regel 6 Habt Spaß!

Wenn du, die anwesenden Erwachsenen und der Hund euch alle wohlfühlt mit der Situation, dann NICHTS WIE LOS!

TOPTIPPS FÜR SUPER-DUPER TRAINER

Tipp 1 **Achte auf deine Ausrüstung.**

ZUALLERERST: DU UND DEIN HUND KÖNNT NUR EUER BESTES ERREICHEN, WENN IHR AUF DAS WICHTIGSTE ACHTGEBT: EUER HIRN UND EUREN KÖRPER.

Das heißt, du und dein Hund, ihr solltet immer gut **essen**, immer **ausgeschlafen** und immer **fit** sein. Wird eine dieser drei Voraussetzungen nicht erfüllt, dann seid ihr schlichtweg nicht gut genug, um Teil des Teams **SUPERDUPER** zu sein!

Tipp 2 Betrachte die Welt mit den Augen deines Hundes.

Eine der allerwertvollsten Fähigkeiten eines **SUPER-DUPER** Hundetrainers ist die Fähigkeit, die Welt mit den Augen des Hundes zu sehen. Überleg dir, wie Hunde das Leben in unserer merkwürdigen menschlichen Welt wahrnehmen. Diese Fähigkeit hilft dir dabei zu merken, wann du einschreiten musst, damit sich Hunde sicher, stolz, eifrig, glücklich und geliebt fühlen und Lust haben, ihr Bestes zu geben.

Tipp 3 Morgen ist auch noch ein Tag.

Hundetraining ist immer ein fortlaufender Prozess, niemals ein einmaliges Ereignis.

Es ist besser, viele winzig kleine, aber schöne Schritte in die richtige Richtung zu machen, um deine Ziele zu erreichen, als euch beide zu sehr unter Druck zu setzen. Und wenn alles schiefgeht, mach dir keine Sorgen – das Wichtigste ist, dass ihr Spaß habt!

Tipp 4 Jeder Tag ist ein Schultag (sorry!)

SUPERDUPER Trainer wissen, dass ihre Hunde jedes Mal lernen, wenn sie mit ihnen zusammen sind.

Tipp 5 Wie dein Hund sich fühlt, ist viel, viel wichtiger, als was er tut.

Hier werden deine Kenntnisse in Sachen Körpersprache (siehe Seite 77) unheimlich wertvoll. Wenn dein Hund glücklich ist und sich sicher fühlt, wird er voller Vertrauen tun, was du von ihm verlangst – solange du gut dafür zahlst!

Tipp 6 Trainiere mit einem Lächeln.

Ein **SUPERDUPER** Trainer zu sein, ist der beste Job der Welt!

Wenn du der Welt zeigst, wie glücklich du bist, dann wird dein Hund wahrscheinlich genauso zufrieden sein. Wir Menschen und unsere Hunde lernen immer am besten, wenn es uns

WUNDERBAR

geht.

ACHTE ALSO DARAUF, DIE VERHALTENS- WEISEN ZU BELOHNEN, DIE DU ÖFTER SEHEN WILLST.

Tipp 7 Frag dich: «Wie kann ich es meinem Hund leichter machen?»

Jeder möchte Erfolg haben, besonders dein Hund!

Kannst du ihm das Training erleichtern, indem du den Ort wechselst, an dem ihr übt? Oder solltest du besser die Art und Weise verändern, wie du etwas von ihm verlangst? Oder solltet ihr mehr üben?

Für einen **SUPERDUPER** Trainer gibt es kein Versagen, nur «Informationen». Wenn du deinen Hund aufforderst, etwas zu tun, und er tut es nicht, ist das kein Grund zu verzweifeln. Solltest du vielleicht lieber um ein «Sitz!» von zwei statt von fünf Sekunden bitten? Und den Rückruf an einem Ort mit weniger Ablenkungen üben? Vielleicht solltest du kein «Platz» fordern, wenn der Boden eisig kalt ist?!

Blöde Hundetrainer wiederholen eine Übung immer wieder, auch wenn sie nicht klappt, und erwarten auch noch ein anderes Ergebnis!

Super Hundetrainer machen super unterschiedliche Übungsangebote und bekommen super Ergebnisse!

Worauf wartest du?

Lass uns mit dem Training anfangen – mit ein paar Klassikern: **Sitz** und **Platz** ...

SITZ

Hast du dich schon mal gefragt, warum es so wichtig ist, dem Hund Sitz beizubringen?

Nun ja, es macht so, so viele Dinge soooo viel einfacher. Zum Beispiel kannst du deinem lebhaften, aufgeregten Hund zum Spazierengehen leichter die Leine anlegen. Du kannst ihm leichter beibringen, nicht an Leuten hochzuspringen, um sie zu begrüßen. Auch aus Sicherheitsgründen ist es sehr nützlich im Park und auf der Straße …

Es ist auf jeden Fall viel angenehmer, wenn der Hund sich brav hinsetzt, als wenn man sich am nächsten Laternenpfahl festklammern muss, sobald er einen Hundekumpel auf der anderen Straßenseite entdeckt.

Okay, in die Hände gespuckt, und dann machen wir uns an die Arbeit und bringen deinem Hund Sitz bei.

Du hast jede Menge kleine leckere Belohnungen in deiner Snacktasche? Dann ruf deinen Hund zu dir (ich wette, wenn deine Belohnungen superlecker sind, wird er bestimmt schon bereitstehen und warten!).

1) Nimm ein Leckerli in die Hand und halte es dem Hund unter die Nase.

2) Wenn dein Hund das Leckerli in deiner Hand beschnuppern will, hebe die Hand langsam bis über den Kopf des Hundes und sag dabei: «Sitz!» Während der Kopf deines Hundes langsam dem Leckerli folgt, wirst du beobachten können, wie sich sein Hinterteil Richtung Boden senkt.

3) Sobald der Hundehintern den Boden berührt, lobst du deinen Hund und erlaubst ihm, das Leckerli aus deiner Hand zu nehmen.

4) Wisch die Hand mit dem Hundesabber am Kleid deiner Mutter ab und versuche dasselbe noch mal.

Bei den nächsten fünf Versuchen probierst du, zwischen dem Zeitpunkt, an dem dein Hund mit dem Hintern den Boden berührt und du ihn lobst und belohnst, immer etwas mehr Zeit verstreichen zu lassen. Das machen wir so, damit dein Hund lernt, ganz fröhlich über einen längeren Zeitraum sitzen zu bleiben.

Schau doch mal, ob du die Übung im Laufe der nächsten fünf Tage bis zu einem Fünf-Sekunden-Sitz ausbauen kannst!

Wenn ihr beide das geschafft habt, möchte ich, dass du die gleiche Armbewegung machst wie bisher, nur OHNE Leckerli in der Hand.

Locke den Hund, bring ihn dazu, dem Handzeichen so zu folgen, dass er den Kopf hebt … so weit, bis er in der Stellung ist, in der du ihn haben willst. Wenn sein Hintern den Boden küsst (das musst du dir jetzt gar nicht so genau vorstellen …!), gib ihm eine Belohnung AUS DEINEM LECKERLIBEUTEL. Dann lobst du deinen Hund ausgiebig, weil er das so fantastisch gemacht hat.

Der letzte Schritt (und den wiederholst du, bis du mindestens so alt bist wie ich!) ist, dies in so vielen verschiedenen Situationen wie nur möglich zu üben:

 **An der Leine**

 **Ohne Leine**

 **Im Garten**

 **Im Park**

 **Drinnen**

 Beim Spielen

 Bevor du zur Schule gehst

 **Statt beim Abwasch zu helfen
(wenn du Glück hast)**

DENK IMMER DRAN:

ÜBUNG MACHT DEN MEISTER!

PLATZ

Wenn man «Platz!» fordert, soll der Hund sich flach auf den Boden legen, und seine Brust sollte dabei den Boden berühren.

Wie viele Situationen fallen uns wohl ein, in denen es praktisch wäre, wenn der Hund im Platz liegt?

Ich fang mal an:

 Wenn wir gemütlich auf dem Fußboden liegend fernsehen UND dabei unseren Hund kraulen wollen.

 Wenn wir wollen, dass der Hund aufhört zu zappeln, weil wir sein Fell bürsten möchten.

🐾 Wenn wir nach einem schönen langen Spaziergang mit unserem Hund auf einer Parkbank sitzen und ein Eis essen wollen.

🐾 Wenn wir möchten, dass sich der Hund an einem heißen Sommertag im Schatten eines Baumes ein bisschen abkühlt.

🐾 Wenn wir im Park jemanden treffen, der sich mit Hunden unsicher fühlt, und wir demjenigen zeigen möchten, dass es da nichts gibt, wovor man sich fürchten muss.

Fallen dir noch andere Beispiele ein?

Dem Hund Platzmachen beizubringen, erfordert eine SEHR wichtige Fähigkeit, über die natürlich nur **SUPER-DUPER** Trainer verfügen …

G E D U L D

Damit du deinem Hund das Platzmachen erfolgreich UND liebevoll beibringst, möchte ich dich bitten, mit winzig, winzig kleinen Mauseschritten voranzugehen, damit wir wirklich eine gute Grundlage schaffen und den Hund kein bisschen unter Druck setzen.
Bist du bereit? Dann los!

1) Mit den Lieblingsleckerlis deines Hundes in der Gürteltasche, bittest du ihn, vor dir Sitz zu machen.

2) Nimm ein Leckerli in die Hand, und während dein Hund im Sitz bleibt, hältst ihm die Belohnung unter die Nase, dann senkst du die Hand vor seine Brust … und langsam lockst du seinen Kopf Richtung Boden … aber nicht vergessen: Ich möchte, dass das Hinterteil wie festgeklebt am Boden bleibt. Und hier kommt jetzt die Geduld ins Spiel!

3) Erwarte nicht, dass du deinen Hund beim allerersten Versuch in eine Platz-Stellung locken kannst – wir machen hier kein Wettrennen. Ich möchte, dass du es zehnmal nacheinander schaffst, einfach nur den Kopf des Hundes tiefer als bis zu seiner Schulterhöhe zu locken. Und wenn er das macht, dann lobst du ihn und gibst ihm jedes Mal eine leckere Belohnung.

UNSER SUPERDUPER HUNDETRAINING SOLL IMMER LOCKER UND LUSTIG SEIN.

Zehn erfolgreiche Versuche sind wahrscheinlich genug fürs erste Training. Vergiss nicht, du verlangst von deinem Hund, dass er sich verbiegt und seine Muskeln auf eine Art benutzt, die er vielleicht nicht gewohnt ist – und er soll doch nicht vor Überanstrengung Muskelkater kriegen!

Überleg mal: In der Schule macht ein Test mit fünf Fragen vielleicht Spaß. Aber ein Test, der Stunden dauert, mit fünftausend Fragen, wäre ein

ALBTRAUM!

In deiner nächsten Trainingsstunde, morgen vielleicht, möchte ich, dass du die Nase deines Hundes bis fast runter an den Boden lockst. Das wird gar nicht so leicht sein, denn vermutlich wird sich sein Hinterteil dabei vom Boden lösen. Das ist

ja auch ganz natürlich, denn wenn Hunde sich bücken, verhält sich ihre Wirbelsäule wie eine Wippe: Ein Ende geht hoch, das andere dafür runter. Wenn du einen Bleistift in die Hand nimmst und die eine Seite nach unten zeigen lässt, hebt sich die andere Seite. Bei deinem Hund ist es genauso. Nur hat dein Hund (hoffentlich) keinen Radiergummi am Hintern.

Wenn dein Hund die Sitz-Stellung verlässt, ist das überhaupt nicht schlimm. Das zeigt uns nur, dass wir zu schnell vorangegangen sind. Probiere es einfach noch mal, aber dieses Mal lockst du den Kopf des Hundes nicht ganz so weit nach unten. Es ist wichtig, dass wir immer wieder Erfolg haben. Das ist viel besser, als die gleiche Übung immer wieder zu versuchen, ohne dass sie ein einziges Mal gelingt. Wem macht denn so was Spaß?

Wenn du es geschafft (und belohnt) hast, dass dein Hund die Nase bis zum Boden senkt und den Hintern dabei auf dem Boden lässt, dann seid ihr für ein vollständiges Platz bereit …

4) Dein Hund sitzt vor dir, du nimmst du ein Leckerli in die Hand und lockst seinen Kopf nach unten. Während die Hundenase dem Boden immer näher kommt, prüfst du mit einem Blick, wo sich das Hinterteil gerade befindet. Und solange das Hinterteil auf dem Boden bleibt, ziehst du zwischen den beiden Pfoten heraus langsam das Leckerli über den Boden auf dich zu.

Hier geht es darum, dass der Hund im «Sitz» bleibt und mit gesenktem Kopf dem Leckerli über den Boden folgt. Das wollen wir sehen. Und solange dein Hund Lust hat, sich die leckere Belohnung zu verdienen, wird er sich ganz platt machen und in eine Platz-Stellung gehen!

Sobald er das tut, lobst du ihn und gibst ihm die Belohnung aus der Hand. SOLANGE ER IN DER PLATZ-STELLUNG BLEIBT, gibst du ihm nach und nach weitere Leckerlis. Ich möchte, dass du die Belohnungen nutzt, um ihm zu zeigen, dass es echt Vorteile hat, in die Platz-Stellung zu gehen – und da zu bleiben! Wenn der Hund die Platz-Stellung verlässt ... kein Problem, hör einfach auf, ihm Leckerlis zu geben.

Das übt ihr in der nächsten Zeit immer wieder. Wenn du dann irgendwann sicher bist, dass dein Hund in die Platz-Stellung geht, sobald du mit dem Locken beginnst, kannst du «Platz!» sagen, wenn du mit der Übung anfängst.

Und legt dein Hund sich irgendwann ganz einfach hin, wenn du das von ihm verlangst, kannst du das Handzeichen weiterhin benutzen, aber lass jetzt die Leckerlis in der Tasche, bis er in der richtigen Stellung ist. Sobald der Hund liegt, lobst du ihn überschwänglich – so als wäre er gerade Weltmeister geworden!

Im Laufe eurer gemeinsamen spannenden Hundetrainingsreise, kannst du die Zeit zwischen dem Hinlegen und der Belohnung strecken. Auf diese Weise wird dein Hund lernen, sich hinzulegen und zu entspannen – in der Gewissheit, von dir dafür reich belohnt zu werden.

SIEHST DU, GEDULD BRINGT EUCH BEIDE WEITER!

LASS UNS MAL ÜBER DEINEN HUND REDEN

Hast du dich schon mal gefragt, wie Hunde zu unseren liebsten Gefährten geworden sind? Wie kannst du lernen, perfekt mit deinem eigenen Hund zu kommunizieren? Wie kannst du ihn am ALLERBESTEN streicheln, und wie kannst du allen anderen beibringen, Hunde genauso zu lieben und zu schätzen, wie du es tust?

Nun grübele nicht länger! Lies weiter ...

DAS ÜBERLEBEN DES FREUNDLICHSTEN

Guck dir deinen Hund jetzt mal ganz lange ganz genau an. Hast du dich je gefragt, wie wir Menschen dazu kamen, unser Leben und unser Zuhause mit diesen wunderbaren Tieren zu teilen? Wieso liegen auf unseren Sofas keine zauberhaften Ziegen? Oder warum warten morgens keine kleinen Schweinchen darauf, zum Pieseln und Toben nach draußen gelassen zu werden?

Nun, ein entscheidender Grund dafür, dass du das Glück hast, dein Leben mit einem Hund teilen zu können, ist vielleicht seine fantastische Fähigkeit, **freundlich** zu sein.

Als wir Menschen vor Tausenden von Jahren – noch lange vor YouTube – sesshaft wurden und in Ansiedlungen zusammenlebten, gab es wahrscheinlich ringsherum wilde Hunde. Die meisten dieser wilden Hunde werden darauf geachtet haben, den zweibeinigen Siedlern bloß nicht zu nahe zu kommen, weil sie von Natur aus ängstlich und scheu waren.

Doch ein paar wilde Hunde, die freundlicheren nämlich, haben sich vermutlich ein bisschen näher an die Lager herangetraut – und manchmal sind sie für ihren Mut belohnt worden und konnten von den Abfällen fressen, die von den Menschen am Rande des Lagers liegen gelassen wurden.

Die freundlichsten Hunde schafften es, dadurch an so viel Nahrung zu kommen, dass sie nicht mehr jagen gehen mussten. So riskierten sie weniger Verletzungen, als wenn sie größere Beutetiere zur Strecke brachten, und verbrauchten auch weniger Energie, als wenn sie dem Pizzaboten hinterherhetzten.
(Das ist ein Witz!)

Die freundlicheren Hunde bildeten Gruppen und lebten von dem Futter, das so leicht zu kriegen war, während die furchtsameren Hunde Abstand hielten und allerlei wolfsmäßige Sachen machten, wie zum Beispiel den Mond anheulen oder die Häuser von kleinen Schweinchen umpusten.

Bald bekamen die freundlichen Jungshunde mit den freundlichen Mädchenhunden Babys, und rate mal, was dann passierte? Im Laufe der vielen, vielen Jahre wurden die Babys nicht nur erwachsen, sie wurden auch noch viel freundlicher als ihre Vorfahren. Aber ihr Aussehen wandelte sich. Manche bekamen Schlappohren, die Schwänze wurden buschiger, die Fellfarben vielfältiger, und bei der Beschaffenheit des Fells gab es irgendwann auch allerlei Unterschiede.

IM LAUFE DER JAHRTAUSENDE ENTWICKELTEN HUNDE DAS AUSSEHEN, DAS UNS MENSCHEN BEI UNSEREN HAUSTIEREN AM BESTEN GEFÄLLT:

JE NIEDLICHER, DESTO BESSER!

Irgendwann fühlten diese freundlichen Hunde sich in der Gegenwart von Menschen ganz wohl, und die niedlichsten von ihnen haben wir uns als Gefährten ausgewählt.

Mit der Zeit entwickelten sich die wilden Hunde also zu Haushunden, die beim Jagen helfen und die Siedlung schützen konnten.

Viele, viele Jahre vergingen und – tadaa!, dem Zauber des «Überlebens des Freundlichsten» haben wir es zu verdanken, dass wir jetzt glücklich in einer Welt voller

riesiger

Dänischer

Doggen,

winziger Chihuahuas und allem anderen dazwischen leben.

KÖRPERSPRACHE

Damit du auch wirklich der allerbeste Freund deines Hundes und sein allerbester Trainer sein kannst, wirst du jetzt der beste Experte für Körpersprache, der du überhaupt sein kannst.

Das hört sich vielleicht ein bisschen verrückt an, aber hast du gewusst, dass dein Hund ständig mit dir «spricht», indem er seine Körpersprache einsetzt?

Ich fange mal anders an: Du weißt doch, wann dein bester Freund froh oder traurig ist, oder? Er muss dir das nicht extra sagen!

Als beste Freunde seid ihr auch füreinander da, wenn einer von euch vielleicht mal Sorgen hat.

SEI DER BESTE FREUND VON DEINEM HUND, UND ER IST AUCH DEINER.

Wenn du dir diese Beschreibungen der Körpersprache-Signale durchgelesen hast, dann schau doch mal, ob du sie bei deinem Hund entdeckst. Je mehr du auf das reagieren kannst, was dein Hund dir mit seinem Körper «sagt», desto besser wirst du als Trainer und als Freund sein.

Das sind Zeichen dafür, dass dein Hund zufrieden ist und Lust hat zu spielen:

 Ein entspanntes, offenes Maul

 Ein schön weicher, beweglicher Körper

 Große wedelnde Schwanzbewegungen von links nach rechts

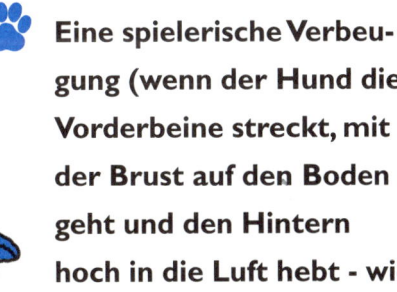

Eine spielerische Verbeugung (wenn der Hund die Vorderbeine streckt, mit der Brust auf den Boden geht und den Hintern hoch in die Luft hebt - wie eine Art Hundeyoga!)

Welche Zeichen verraten mir, ob der Hund Angst hat oder beunruhigt ist?

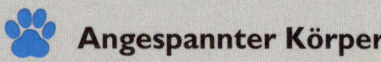 **Angespannter Körper**

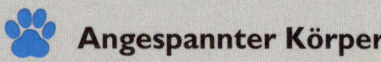 **Gesenkter Kopf**

 Zwischen den Beinen eingeklemmter Schwanz

 Kauernde Haltung

 Zittern

 Zurückgelegte Ohren

Woher weiß ich nach einem tollen Tag Spielen und Trainieren, dass mein Hund zufrieden und schön entspannt ist?

 Er schlummert.

 Sein Körper ist gaaanz weich und schlaff.

 Er seufzt tief, wenn er sich hinlegt.

 Er schnarcht … LAUT!
(Wenn dein Hund so ist wie meiner!)

Aber Moment mal! Es ist ja ganz großartig, etwas über die Körpersprache deines Hundes zu wissen. Doch was ist mit DEINER Körpersprache?

Wir kleinen haarlosen Affen-Menschen kommunizieren zwar viel mit Wörtern, aber auch wir drücken eine Menge mit unserer Körpersprache aus – der Muttersprache deines Hundes!

Um sicherzugehen, dass dein Hund auch immer weiß, wie zufrieden du mit ihm bist, achte gut darauf, dass:

 du ihm nicht ewig ins Gesicht starrst (das ist gruselig!).

 du dich nicht zu weit über ihn beugst. Mach das niemals bei Hunden, die du nicht gut kennst!

 du beim Training lächelst und lachst.

du in die Hocke gehst, wenn du den Hund aufforderst, zu dir zu kommen.

 du eine schön entspannte Körperhaltung hast – und nicht steif wie ein Roboter wirkst!

Ermutige den Hund, zum Streicheln zu dir zu kommen, anstatt einfach über ihn herzufallen … aber Moment mal, woher wissen wir, ob er auch gestreichelt werden möchte?

AUF DER SUCHE NACH DER GANZ BESONDEREN STELLE!

Hast du gewusst, dass dein Hund eine total spezielle liebste Kraulstelle hat?

Tatsächlich haben ALLE Hunde so eine Stelle!

Hunde sind wie wir, wir lassen uns richtig gern von Leuten knuddeln, die wir liebhaben.

Deshalb führen wir jetzt einen

KRAULSTELLEN-TEST

durch und finden heraus, wo genau unser Hund am allerliebsten gestreichelt werden mag.

Je mehr wir unseren Hunden erlauben, in ihrem eigenen Tempo voranzugehen, desto angenehmer empfinden sie das Zusammenleben mit uns. Dir ist es doch auch viel lieber, selbst zu entscheiden, wann du mit deiner Oma kuschelst, sie soll nicht auf dem Schulhof vor allen anderen auf dich zustürzen, um dich abzuküssen. Das ist ehrlich gesagt vielleicht auch etwas unpassend.

Viel zu oft rufen blöde Leute (wir doch nicht, das ist ja klar)
ihre Hunde zu sich, um ihnen was **Unangenehmes** zu sagen,
wie etwa «sei still!» oder «bleib da liegen und hör auf zu
betteln!». Das ist echt mies für einen Hund. Stell dir mal vor,
deine Mutter ruft dich, und wenn du dann zu ihr nach unten
gerannt bist, sagt sie: «Mach deine Hausaufgaben!», oder:
«Räum dein Zimmer auf!» Das ist doch nichts, was du hören
möchtest! Und nächstes Mal wirst du es bestimmt nicht so
eilig haben, zu ihr zu kommen, wenn sie dich ruft, oder?

EIN GENIALER HUNDETRAINER HAT IMMER GUTE NACHRICHTEN FÜR SEINEN HUND, WENN ER IHN ZU SICH RUFT!

Wenn du also «Komm!» sagst und dein Hund total glücklich und begeistert auf dich zustürmt, kannst du ihm nicht nur was Leckeres oder ein Spiel anbieten, sondern solltest ihn auch noch an seiner absoluten Lieblingsstelle kraulen.

Sobald du den Kraulstellentest gemeistert und herausgefunden hast, wo dein Hund am liebsten gestreichelt werden möchte, kannst du diese besonderen Streicheleinheiten auch tatsächlich als perfekte Belohnung beim Training einsetzen.

Also, was ist denn nun eine

GANZ BESONDERS BESONDERE KRAULSTELLE?

Manche Hunde werden gern hinter den Ohren gekrault (manche nicht), und manche Hunde wollen gern am Hinterteil gekratzt werden (andere wiederum nicht).

87

Mein Hund Pablo schmilzt dahin, wenn ich ihm die Brust kraule, während mein Chihuahua Nancy ganz wackelige Beine kriegt, wenn ich sie unterm Kinn kitzele, so sehr liebt sie das!

Wenn du herausfinden willst, wo die ganz besondere Kraulstelle von deinem Hund ist, gibt es nur eines. Mach den

KRAULSTELLEN-TEST.

Setz dich ganz entspannt auf den Fußboden im Wohnzimmer. Nach einer Weile streckst du deine Hand aus und sagst leise: «Hallo, mein Freund.» Wenn dein Hund auf dich zukommt, hältst du deine Hand weiterhin ruhig ausgestreckt, bewegst aber langsam die Finger, so als würdest du einen Elefanten an der Stirn kratzen (huch?!).

Lass zu, dass dein Hund sich an deine «Kraulhand» schmiegt und sich hin und her und vor und zurück bewegt, bis er es geschafft hat, seine optimale Kraulstelle zu treffen … Das ist der Moment, in dem du auf eine Goldader stößt!

Probiere es mal aus!

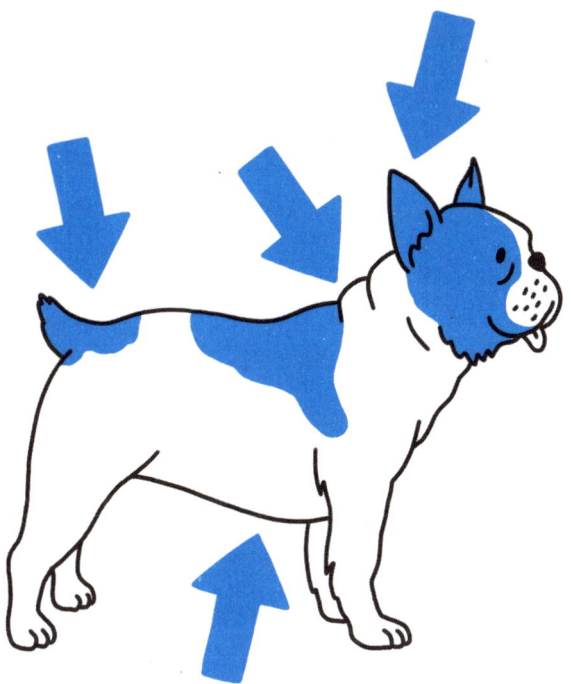

Und wo ist nun also die optimale Kraulstelle von deinem
Hund?

Am Hinterteil?
An der Brust?
Am Ohr?
Oder an der Schulter?

Nur dein Hund kann es dir sagen, mach dich also auf die
Suche nach der magischen Stelle und tausche dieses perfekte
Kraulen, zu dem nur du fähig bist, gegen jenes perfekte Verhal-
ten ein, das dein Hund dir gern zeigen will.

Merk dir: Lass den Hund zum Streicheln zu dir kommen.
Geh nicht selber auf ihn zu.

DU WIRST SEHEN:
FÜR DEINEN HUND
WIRST DU

DER BESTE
KRAULER
DER WELT SEIN

EIN GLAS VOLL
WUFFIGKEIT

W eißt du, was?

HUNDE SIND WUNDERBAR.

Und ich würde sogar sagen, dein Hund ist ganz besonders wunderbar. Trotzdem kann es vorkommen, dass du sauer auf ihn bist. Vielleicht hat er dein Lieblingsbuch (dieses hier!) zerkaut.

Vielleicht springt er irrsinnig aufgeregt an dir hoch, weil er
dir hallo sagen will, und hinter-
lässt Matschpfotenspuren auf
deinem I ♥ PENNE-Lieblings-
T-Shirt.

Aber vergiss nie, dass dein
Hund es niemals böse meint.
Er verhält sich nur so, wie er es
für richtig hält.

Natürlich bist du ein **SUPER-
DUPER** Hundetrainer, und das
heißt: Du wirst ihm beibringen,
wie er sich meistens angemessen
verhalten kann. Aber wir wollen
uns nichts vorgaukeln, manchmal
wird er Fehler machen. Hunde sind
schließlich auch nur Menschen!

Als ich so alt war wie du, habe ich nie rumgebrüllt oder
bin wütend geworden, wenn ich gesehen habe, dass ein Hund
was Unerwünschtes tut. Ich hab mich einfach nur gefragt:

> ## Warum hat er das
> ## wohl gemacht?

MERK DIR:

HUNDE ZEIGEN
DAS VERHALTEN,
DAS «FUNKTIONIERT»
UND BELOHNT WIRD.

«Wie könnte ich ein alternatives Verhalten belohnen?», habe ich mich immer gefragt – und dann bin ich an die Arbeit gegangen.

So kannst du es auch machen!

Wie ich schon früher erwähnt habe, gibt es so etwas wie «schlechtes» Verhalten nicht, es gibt nur Verhaltensweisen, die du weniger oft sehen möchtest!

Vermutlich wird es vorkommen, dass du – oder jemand aus deiner Familie – sauer auf deinen Hund bist, weil er was tut, was er nicht tun soll.

Lass niemanden sauer sein. Belohne deinen Hund stattdessen einfach für etwas anderes – und dann gehst du zum Glas der Wuffigkeit.

Das Glas der Wuffigkeit? Hab ich das noch nicht erwähnt?

Ach so, dann will ich es erklären …

Wenn du mal wieder ein großes leeres Glas übrig hast, wirf es nicht in den Müll, sondern mach es schön sauber und klebe ein Etikett drauf, auf dem steht: GLAS DER WUFFIGKEIT.

Und dann, wenn deine ganze Familie in guter Stimmung ist (wahrscheinlich freitagabends, wenn die Hausaufgaben erledigt sind und ihr bereit seid für ein tolles Wochenende), gibst du jedem einen Stift und fünf Zettel in die Hand. Jeder muss nun auf seine Zettel verschiedene Gründe schreiben, warum dein Hund so cool ist.

Das können Sachen sein wie:

Er muntert mich immer auf.

Wenn ich nach Hause komme, begrüßt er mich mit Schwanzwedeln.

Wenn ich mit ihm im Garten Ball spiele, vergesse ich alle Sorgen.

Wer weiß, was die anderen schreiben werden? Seid einfach ehrlich und positiv.

Wenn alle Zettel beschrieben sind, faltet ihr sie zusammen und werft sie in das Glas der Wuffigkeit.

Lass dieses Glas auf dem Küchentresen stehen, und sollte sich irgendjemand aus deiner Familie über deinen Hund beschweren

(nicht vergessen: Der Hund hat nie die Schuld!),

dann gehst du einfach zum Glas, schraubst den Deckel ab und lässt ihn einen Zettel ziehen und laut vorlesen, damit jeder, auch der Hund, hören kann, was darauf geschrieben steht.

Danach bittest du deinen Hund, eine leichte Aufgabe für dich zu erfüllen, zum Beispiel Sitz zu machen. Belohne ihn dafür, und dann seid ihr alle wieder auf der richtigen Spur, fühlt euch gut und könnt die Freude richtig genießen, die der Hund eurer Familie bringt – und die Freude, die ihr in das Leben eures Hundes bringt.

SUPERDUPER!

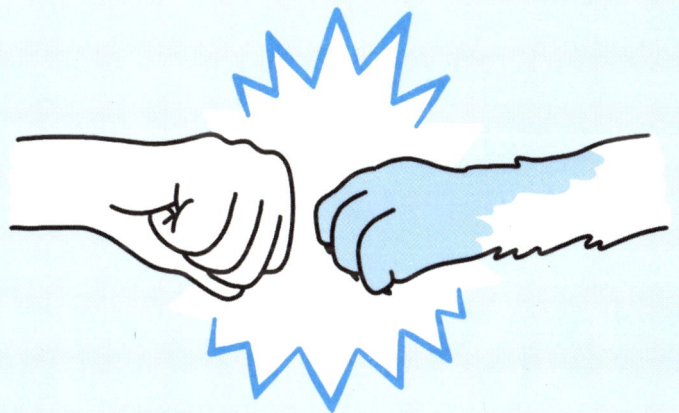

DIE BESTEN

ÜBUNGEN

FÜR DEINEN

HUND

UND DICH

Auf bestimmte Übungen können wir beim Hunde-training nicht verzichten!

Hier findest du die wichtigsten Übungen, die die Beziehung zwischen dir und deinem Hund GANZ BESTIMMT verbessern werden und tatsächlich ech-te Lebensretter sein können!

Darunter sind diese Lektionen besonders wichtig: der Rückruf und die lächelnde Leine.

Kommt dein Hund, wenn du ihn rufst, und geht er ordentlich mit dir an der Leine? Na, dann lassen sich wahrscheinlich neunundneunzig Prozent aller Probleme vermeiden!

Ich habe auch die «Standbild»-Übung miteinbezo-gen, bei der dein Hund lernt, für längere Zeit still sitzen zu bleiben. Und das wird die Hundemanieren GANZ BESTIMMT verbessern.

DER RÜCKRUF

Der Rückruf ist die Kunst, deinen Hund zu rufen, damit er zu dir kommt.

Ach was, vergiss das mal.

Jeder Dummkopf kann seinen Hund RUFEN; die Kunst zeigt sich darin, wenn der Hund tatsächlich zum Rufenden KOMMT!

Mit acht Jahren war ich eines Tages mit zweihundert anderen Kindern auf dem Schulhof, als ganz plötzlich lautes Geschrei ausbrach und Kinder wie Bienenschwärme durch die Gegend surrten.

Ich kann mich noch sehr gut an dieses Ereignis erinnern, weil in der großen Pause normalerweise alles voll war mit Kindern, die Seil sprangen, einem Ball hinterherrannten oder versuchten, anderen Kindern die Schokoriegel aus der Brotdose zu klauen! Doch an diesem Tag war es anders: Eine riesige freie Fläche tat sich zwischen den Kinderschwärmen auf, und zu meinem absoluten Entzücken zeigte sich – ein Hund!

Ein Hund?! Auf unserem Schulhof?!

Das war so seltsam und außergewöhnlich.

Hast du schon mal zwei Dinge vor dir gehabt, die eigentlich überhaupt nicht zusammengehören?

Einen Lehrer in der Schlange vor der Eisbude am Sonnabend etwa? Nur so als Beispiel.

Nun ja, zwei Minuten nachdem der Hund auf dem Schulhof aufgetaucht war, wer kam da wohl mit hundert Sachen pro Stunde angewetzt? Die wild fuchtelnde Besitzerin.

«Susie! SUSIE!», brüllte die Frau immer wieder aufgebracht, während sie ihrem Hund hinterherjagte.

Und je mehr sie brüllte, desto wütender wurde sie.

Ich weiß noch, dass ich damals dachte: *Wow, wenn du* **MICH** *so* **WÜTEND** *rufen würdest, hätte ich* **NICHT DIE GERINGSTE LUST,** *zu dir zu kommen!*

Nach gefühlt zwanzig Minuten (wahrscheinlich waren es aber nur fünf) Geschrei (von der Frau) und Gelächter (von den Schulkindern) und irrem Rumgerenne (von Frau, Schulkindern UND Hund!) beschloss ich, etwas auszuprobieren ...

Ich kniete mich mitten auf dem Schulhof hin und tat so, als wäre ich total interessiert an einem kleinen Stein, der da vor mir auf dem Boden lag.

Da alle anderen aufgeregt herumrannten, wusste ich, dass ich für Susie, sobald sie mich entdeckte, das interessanteste, bemerkenswerteste, seltsamste Kind auf dem ganzen Schulhof sein würde.

Und so war es auch. Susie kam auf mich zu, blieb schließlich stehen und legte den Kopf schräg, während sie meinem Flüstern lauschte. «Guck mal, Susie, was ist das denn?!» Langsam und vorsichtig hob ich den Stein auf und behielt ihn in der Hand.

Susie kam näher heran, um sich die Sache mal genauer anzuschauen. Ich ließ sie an meiner Hand schnuppern und streichelte sie, bis ihre (sehr) erleichterte Besitzerin hinter ihr auftauchte und ihr die Leine wieder anlegte.

«Oh, Susie», sagte sie, «warum kommst du denn nicht, wenn ich dich rufe?!»

«Warum sollte sie?», sagte ich.

Zu mir selbst. Nicht laut. Ich bin doch nicht blöd!

Susies Besitzerin musste eigentlich nur zwei Dinge tun:

1) Mit Susie einen wirklich guten **Rückruf** üben, um künftig Ausflüge auf Schulhöfe zu vermeiden.

2) Und noch wichtiger: Susie vermitteln, dass es **Spaß** macht, mit ihrer Besitzerin zusammen zu sein. Dann hätte Susie nämlich keinen Grund gehabt, wegzulaufen und woanders Abenteuer zu suchen.

Jetzt werde ich dir verraten, wie du deinem Hund einen richtig guten Rückruf beibringst. Danach kommen wir dann zu den spannenden Spielen, die du mit deinem Hund auf einem Spaziergang machen kannst, damit er gar nicht erst auf die Idee kommt, dir wegzulaufen!

 Du gehst mit deinem Hund in den Garten oder einen anderen sicheren Ort. In deiner Gürteltasche hast du ein paar leckere Belohnungen. Um es spannend zu machen, wartest du einen Moment, dann rufst du «Komm!» und lässt ein Leckerli vor deine Füße fallen. Sobald dein Hund darauf zusteuert, rennst du, *so schnell du kannst*, zehn Schritte weiter weg. Du wartest, bis dein Hund den Kopf hebt, nachdem er das erste Leckerli gefressen hat, das du für ihn fallen gelassen hast …

 Sobald der Hund den Kopf hebt, rufst du «Komm!», legst noch eine Belohnung vor deine Füße und läufst sofort wieder zehn Schritte weiter in eine andere Richtung. Beobachte dabei deinen Hund, denn sobald er den Kopf hebt, nachdem er die Belohnung gefressen hat … du hast es erraten, rufst du «KOMM!» und legst eine weitere Belohnung zu deinen Füßen ab, ehe du wieder zu deiner neuen Position losrennst …

 Wenn du dann genug herumgewetzt bist oder völlig erschöpft (!) bist, rufst du deinen Hund noch ein letztes Mal. Dieses Mal bleibst du stehen, wenn dein Hund zu dir gerannt kommt. Du kniest dich hin und belohnst ihn mit einer großen Handvoll Leckerlis dafür, dass er zu dir gelaufen ist, als du «Komm!» gerufen hast. Und natürlich das Knuddeln nicht vergessen!

Aus zwei Gründen ist es schön, die Übung mit einer großen Handvoll Leckerbissen zu beenden:

1) Wenn es am Ende einer Übung einen großen Preis gibt, erinnert sich dein Hund leichter an den Wert des Spiels, wenn die nächste Übung ansteht.

2) HUNDE LIEBEN LECKERLIS.

DIE LÄCHELNDE LEINE

Wenn du nicht gerade am Nordpol lebst und deinen Hund vor den Schlitten spannst, willst du ganz bestimmt nicht, dass er mit aller Kraft zieht, sobald ihr das Haus verlasst!

Spaziergänge sind viel angenehmer für dich und deinen Hund, wenn du ihm erst mal gezeigt hast, wie schön es ist, MIT dir zu gehen. Dabei ist das Geschirr mit einer ganz entspannten, LÄCHELNDEN Leine verbunden. Die Leine «lächelt», wenn sie so locker hängt, dass sie zwischen dir und deinem Hund einen Bogen bildet.

Also los, sehen wir uns mal an, wie du deinem Hund beibringst, beim Spaziergang ~~nicht deinen Arm auszureißen~~ ganz
lieb mit dir zu gehen!

Ich glaube, dass wir hier, wenn wir erfolgreich sein wollen,
drei wichtige Dinge zusammenfügen müssen:

1) Dein Hund **schaut dich an.**

2) Dein Hund schaut dich an, während ihr beide **zusammen
spazieren geht.**

3) Dein Hund schaut dich an, während er **an der Leine**
neben dir hergeht.

Wie immer wollen wir es schön einfach machen, beginne also
mit der Übung an einem sicheren Ort wie deinem Garten.
Dann brauchst du deinem Hund in der ersten Phase nicht
mal die Leine anzulegen. Zuerst kümmern wir uns darum,
dass das Verhalten stimmt, dann kommt die Leine dazu.

Du hast die Tasche mit den Belohnungen am Gürtel festgemacht und lässt für deinen Hund ein Leckerli auf den Boden fallen. Sobald er es gefressen hat, lässt du noch eines fallen …

Wenn er das zweite Leckerli gefressen hat – *warte* … jetzt brauchst du ein **SUPERNINJA-TIMING!**

Wirf ihm nicht gleich das dritte Leckerli hin – warte stattdessen, bis der Hund zu dir aufschaut, in freudiger Erwartung des nächsten Leckerbissens. Sobald er dich anguckt, sagst du «Gut!» (dann weiß er: Das richtige Verhalten ist, in deine Richtung zu schauen). DANN lässt du die dritte Belohnung fallen, und dein Hund darf sie genießen, weil er zu dir geschaut hat.

Zu dir zu schauen, ist das Verhalten, das wir hier belohnen wollen. Wenn dein Hund in Zukunft nämlich zu dir schaut, wird er nicht mehr an der Leine zerren. Gleichzeitig gucken und zerren kann er ja nicht, oder? Ist das nicht schlau?

Okay, jetzt schaut dein Hund also zuverlässig zu dir hoch, nachdem er das Leckerli gefressen hat. Das ist der Zeitpunkt, an dem der zweite Teil der Übung hinzugefügt wird: zusammen gehen …

Stell dich vor deinen Hund, lass ein Leckerli für ihn auf den Boden fallen, und sobald er es gefressen hat und zu dir hochguckt, sagst du «Gut!» und fängst sofort an, langsam mit ganz kleinen Schritten zur Seite zu gehen – wie ein Krebs!

Ich weiß, das hört sich komisch an, aber vertrau mir, ich bin Hundetrainer!

Du gehst weiter im Krebsgang, und sobald dein Hund neben dir ist, steckst du ihm ein Leckerli ins Maul. Dabei bewegst du dich weiter seitwärts, und dein Hund folgt dir, und sobald er zu dir aufschaut … machst du was? Richtig! Du sagst «Gut!» und gibst ihm noch eine Belohnung.

Wenn es dann ganz gut klappt mit dem Augenkontakt in Bewegung,

und in die andere Richtung. Und dabei sagst du immer «Gut!» und belohnst deinen Hund jedes Mal, wenn er zu dir aufschaut ....

kannst du aufhören, so albern rumzulaufen (wer hat bloß gesagt, dass du das machen sollst?), und anfangen, in einem schönen großen Kreis zu laufen, erst in eine Richtung, dann umdrehen

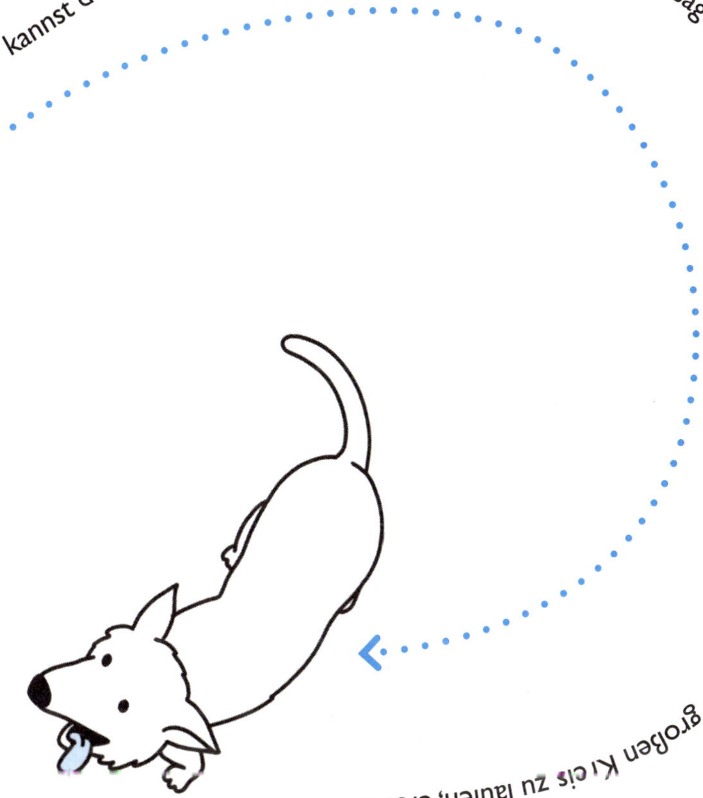

Ihr beiden seht jetzt richtig gut aus zusammen!

An dieser Stelle haben wir Punkt eins und zwei der Übung erfolgreich zusammengeführt: das Hochschauen des Hundes zu dir und die Bewegung.

Jetzt ist es so weit, den dritten und letzten Punkt in unser Training einzufügen: Wir nehmen die Leine dazu …

111

Dieser Teil dürfte leicht sein.

Eigentlich!

Hake die Leine am Hundegeschirr fest und achte darauf, dass du sie an der Schlaufe festhältst, damit sie schön entspannt zwischen deiner Hand und dem Geschirr des Hundes hängt.

Wie zuvor lässt du ein Leckerli fallen, und sobald dein Hund es frisst und zu dir hochschaut, sagst du «Gut!» und belohnst ihn, während ihr beide anfangt, im Garten herumzuwandern. Bleibt immer zusammen in Bewegung, und jedes Mal wenn dein Hund zu dir hochguckt, belohnst du ihn wie bisher.

Am Anfang hältst du dich am besten fern von den Bereichen des Gartens, wo es viel zu schnuppern gibt – zum Beispiel vom Zaun oder von Papas stinkigen Gartenschuhen vor der

Terassentür. Aber je mehr Fortschritte ihr macht, desto weiter könnt ihr euch den Ablenkungen nähern. Denk dabei aber immer daran, deinen Hund zu belohnen und ihm zu sagen, wie toll er ist, wenn er dir seinen Blick zuwendet.

Wenn ihr beiden es dann geschafft habt, zusammen mit entspannter Leine durch den Garten zu gehen, könnt ihr im Park und auf dem Gehsteig weiterüben.

Mit jeder Menge **SUPERDUPER** Training wirst du immer mehr Zeit zwischen den Belohnungen verstreichen lassen können. Und bald wird allein die Gelegenheit, entspannt mit dir zu gehen, für deinen Hund an sich schon eine große Belohnung sein. (Sei aber trotzdem nicht geizig mit Leckerlis, wir mögen es schließlich alle richtig gern, belohnt zu werden.)

ACHTE DABEI IMMER
AUF SICHERHEIT
UND AUF KURZE
SÜßE TRAININGS-
EINHEITEN.
DANN WIRD DEIN
HUND WEITER
BEGEISTERT
MITMACHEN UND
VOM ÜBEN GAR
NICHT GENUG
KRIEGEN KÖNNEN!

STATUE!

Wann wäre es nützlich, dass dein Hund eine Zeit lang still wie eine Statue sitzen bleibt? Lass uns mal schauen, wie viele Beispiele uns da einfallen. Vielleicht …

vorm Füttern, damit er nicht ständig an dir hochspringt, während du ihm sein Futter in den Napf füllst. (Ehrlich gesagt führe ich mich ähnlich auf, wenn jemand eine Schachtel Pralinen öffnet.)

 wenn du willst, dass dein Hund ruhig an der Leine bleibt, während du seinen Haufen aufsammelst. (Puh – aber muss ja sein!)

 wenn mal Freunde zu Besuch kommen, die Hunde nicht besonders gern mögen. (Du kannst dir natürlich auch andere Freunde suchen.)

Du hast ja schon gelesen, wie man «Sitz» einübt, und meine **SUPERDUPER** Spione haben mir berichtet, dass ihr jeden Tag fleißig trainiert. Schauen wir also mal, wie du deinen Hund dazu bringen kannst, Sitz zu machen und sich dann wie eine Statue zu verhalten. Es könnte ja der Moment kommen, in dem das ganz wichtig für euch wird.

Bitte deinen Hund, Sitz zu machen, und wenn er es tut, sag ganz leise «Bleib!», dann bewegst du deinen rechten Fuß seitwärts, den linken lässt du, wo er ist. Dann wartest du eine Sekunde und bringst den rechten Fuß wieder zurück zum linken. Wenn dein Hund sein Hinterteil in der Sitz-Position auf dem Boden behalten hat, sagst du «Gut!», gibst ihm eine Belohnung und knuddelst ihn. Wenn dein Hund vielleicht gar nicht so viel vom Knuddeln hält, dann gib ihm zwei Leckerlis und lobe ihn ausführlich.

Als Nächstes lässt du deinen Hund Sitz machen, sagst leise «Bleib!» - und dann machst du langsam einen ganzen Schritt nach rechts. Warte zwei Sekunden (zähle: eins, zwei). Wenn dein Hund wie eine Statue in der Sitz-Position geblieben ist, kehrst du wieder zu ihm zurück, sagst «Gut!» und bist enorm großzügig mit der Belohnung, die du ihm gibst.

Dein Ziel ist es, dich nach jedem erfolgreichen Versuch einen Schritt weiter vom Hund zu entfernen.

Doch deine wahren Fähigkeiten als **SUPERDUPER** Trainer offenbaren sich, wenn du es nicht als Versagen empfindest, dass dein Hund die Sitz-Position schon verlassen hat, bevor du «Gut!» sagen kannst. Dein Hund teilt dir damit nur mit, dass er für dieses Mal seine Grenzen erreicht hat. Mehr kann er jetzt nicht leisten. Das weißt du ja.

Sobald dein Hund ein bisschen wackelig wird – und das wird er, es sei denn er ist tatsächlich eine Statue –, fang die

Übung einfach noch mal ganz entspannt von vorn an. Damit machst du einen echt cleveren Schritt in die richtige Richtung. Du baust nämlich ein solides Fundament und zeigst dem Hund, dass es überhaupt kein bisschen Druck gibt.

Dein Hund wird wieder Erfolg haben, er wird eine fantastische Belohnung bekommen und beim nächsten Training mit Freude sein Allerbestes für dich geben. Und das nächste Training findet hoffentlich bald statt – wenn nicht, erfahre ich es von meinen Spionen!

ZUSAMMEN SCHAFFT IHR DAS!

SUPER-DUPER SPIELE

Was bringt es, mit einem Hund zusammen-
zuleben, wenn ihr keinen Spaß miteinander haben
könnt?!

Hunde lieben es, Spaß zu haben, egal wo und –
noch wichtiger – egal mit wem.

Wenn du deinem Hund zeigen kannst, dass er den
MEISTEN Spaß mit dir hat ... na, dann werdet ihr
beste Freunde für immer.

Ich verrate dir, wie diese eine tolle Fähigkeit von deinem Hund euch die allerbesten Abenteuer verschafft.
Dein Hund braucht dazu nur seine NASE!

Ich werde dir auch zeigen, wie ihr das Beste aus euren gemeinsamen Spaziergängen macht, die schöns-
ten Spiele zusammen spielt und wie du dir Aktivitäten ausdenken kannst, die so viel Spaß machen, dass
sich keiner von euch langweilt, wenn ihr zusammen
seid.

DEIN RIECHENDER HUND

Dein Hund riecht für sein Leben gern.
Damit meine ich nicht, dass er gern müffelt (obwohl das wahrscheinlich der Fall ist), ich will damit sagen: Er schnuppert gern.

Nun, ein großer Teil deines Gehirns ist ganz dazu da, ein umfangreiches Spektrum verschiedener Farben zu erkennen. Wir Menschen sehen die Welt in Schattierungen von Blau-, Gelb- und Rottönen. Hunde dagegen können die Welt nur in

Blau- und Gelbtönen sehen. Dein wunderschöner Hund sieht Farben nicht so gut wie wir beide, weil der Platz in seinem Gehirn anders genutzt wird als bei uns. Und zwar so, dass er zum **SUPERDUPER** Experten in Sachen Geruch wird.

Wenn es ums Riechen geht, ist dein Hund also DER HAMMER!

Mannomann, wir können uns nicht mal VORSTELLEN, wie gut der Geruchssinn von deinem Hund ist. Ja, DEINEM Hund! Sieh ihn dir an, wie er da total entspannt sitzt oder liegt. Man würde nie darauf kommen, dass er eine superheldenmäßige Schnüffelmaschine ist, oder? Im Verhältnis gesehen, ist der Teil seines Gehirns, der dazu bestimmt ist, Gerüche zu analysieren, VIERZIGmal größer als bei dir. So viel Gehirnpower ist nötig, weil der Geruchssinn deines Hundes mindestens

besser ist als deiner!

WIR MENSCHEN «SEHEN» DIE WELT DURCH UNSERE AUGEN, ABER EIN HUND VERSTEHT DIE WELT UM SICH HERUM VOR ALLEM DURCH SEINE NASE.

Weil es so wichtig für deinen Hund ist, seine Umgebung zu erschnüffeln, solltest du das nächste Mal nicht allzu eilig weiterlaufen wollen, wenn er an einem Laternenpfahl oder einem Baum schnuppern möchte. Wir haben ja selbst gern ein bisschen Zeit fürs entspannte Lesen unserer E-Mails. Auch wenn es nicht so attraktiv klingen mag, manchmal brauchen Hunde eben ein bisschen Zeit, um sich auszuklinken und in Ruhe ihre Pi-Mails zu studieren!

Der unglaubliche Geruchssinn eines Hundes ist so viel stärker als unserer. Das verleiht ihm die faszinierende Fähigkeit, Gerüche an Orten und unter Umständen wahrzunehmen, die wir uns kaum vorstellen können. Ich habe schon Hunde dazu ausgebildet, Sprengstoff aufzuspüren, damit Bomben geborgen werden können. Und einige Hunde, mit denen ich gearbeitet habe, hatten gelernt, seltene Tiere wie Pumas oder Fledermäuse aufzuspüren.

WAS FÜR EINE GROSSARTIGE AUFGABE!

Jetzt erkläre ich dir, wie du den Geruchssinn deines Hundes entdeckst. Ich bin sicher, dass du davon genauso fasziniert sein wirst wie ich von dem meiner eigenen Superheldenschnüffler. Wir bereiten mal ein paar kleine Suchspiele vor …

und mach dich gefasst darauf, dass dein Hund DICH UMHAUEN WIRD!

Für den Anfang brauchen wir ein paar Verstecke. Wenn dein Hund jetzt schon schlauer ist als ich, kannst du ihn bitten, Sitz zu machen, während du beschäftigt bist. Wenn nicht, bittest du am besten deine Mutter oder deinen Vater, den Hund festzuhalten, während du die Suche vorbereitest. Sag deinen Eltern, du hast sie soooo lieb, dass du sie an den Hundesuchspielen beteiligen möchtest (deine Eltern werden das gern hören – und es ist auf jeden Fall besser, als den Hund am Stuhl anzubinden).

Während dein Hund zuguckt, legst du fünf große Blätter Papier auf den Fußboden. Dann tust du so, als ob du unter einigen der Blätter eine leckere Belohnung verstecken würdest, ehe du schließlich unter nur EINEM zufällig ausgewählten Blatt tatsächlich ein Leckerli versteckst.

Lauf zu deinem Hund, zeige ihm aufgeregt deine leeren Hände und sag: «Wo ist der Schatz?!»

Dann nimm die Hundeleine in die Hand, sag: «SUCH!» und folge deinem Hund, der sich begeistert auf die Suche machen und jedes Blatt Papier beschnuppern wird.

Sobald dein Hund die Belohnung gefunden und gefressen hat, lobst du ihn ausgiebig und knuddelst ihn – übrigens mache ich immer ein kleines Tänzchen mit meinem Hund, um zu feiern, wie genial er ist! Na los, tanz mal ein bisschen, dein Hund wird dich dafür umso mehr lieben!

Und dann wiederholst du diese Art Versteckspiel, aber vielleicht nimmst du nächstes Mal (mit Erlaubnis deiner Eltern) fünf Becher anstelle der Papierblätter, um die Suche für deinen Hund ein klein wenig anders zu gestalten.

Als Nächstes gehst du raus in den Garten und versteckst die leckere Belohnung unter einem von fünf Blumentöpfen – oder zehn Blumentöpfen oder **HUNDERTTAUSEND BLUMENTÖPFEN.**

Und warum machst du nicht einfach auch das Füttern deines
Hundes fünfzigtausendmal spannender, indem du sein Futter
in eine Frühstücksdose packst, die du dann irgendwo im Garten versteckst? Ihr beide könntet euch gemeinsam danach auf
die Suche machen – und sie finden. (Ich
empfehle allerdings, dass nur einer
von euch die Dose leer frisst.)

Manchmal lege ich Leckerlis in eine
kleine Schachtel, die ich auf dem
Spaziergang mit meinem Hund heimlich fallen lasse, ohne
dass der Hund es sieht. Wenn wir dann zehn Schritte oder so
weitergegangen sind, wende ich mich meinem Hund zu und
sage: «Wo ist der Schatz?» Sobald ich seine Aufmerksamkeit
gewonnen habe, drehe ich mich um und schaue den Weg entlang, den wir gerade gegangen sind, und sage «Such!». Dann

laufen wir zusammen zurück. Mein Hund schnuppert wie wild, bis er die Schachtel gefunden hat. Dann – BINGO – lobe ihn ganz doll, mache den Deckel der Schachtel auf – und er darf den Fund genießen!

Ja, SO werden Hundespaziergänge interessant für euch BEIDE!

Hunde lieben es, ihre Nasen zu benutzen, und sie lieben Menschen, die ihnen erlauben, ihre Nasen zu benutzen.

Für uns Menschen springt bei diesen gemeinsamen Spielen mit unseren Freunden genauso viel heraus wie für die Hunde, die mit dir Suchspiele machen: Spaß, Freundschaft, spannende Herausforderungen, fantastische Gelegenheiten, Probleme zu lösen, Vertrauen und letzten Endes

ERFOLGE!

LANGEWEILE-KILLER

Und nun, meine Freunde, wollen wir die nächsten paar Seiten darauf verwenden, uns die ein oder andere Langeweile-Killer-Beschäftigung zu überlegen. Eine, die kein teures Spielzeug oder stundenlanges Training erfordert, sondern nur die Tatsache, dass ihr euer Wichtigstes und Wertvollstes mit euren Hunden teilt: ZEIT.

Im Hundetraining kennt man ein anderes hochtrabendes Wort für Langeweile-Killer: Bereicherung. Aber in Wirklichkeit haben die beiden Wörter die gleiche Bedeutung.

«Wie können wir das Leben unserer Hunde bereichern?»

Wir können das Leben unserer Hunde bereichern, indem wir mit ihnen spielen, ihre Freunde sind, für sie sorgen und sie an Spielen und Aktivitäten beteiligen, die ihnen helfen, all ihre Sinne zu trainieren.

RIECHEN, SCHMECKEN*, FÜHLEN, SEHEN UND HÖREN.

*Meine Hunde bestehen darauf,
dass ich SCHMECKEN unterstreiche.
Hunde sind nämlich total verfressen!*

Es ist wirklich wichtig, dass eure Langeweile-Killer ganz ohne
Druck sind und dass ihr dem Hund die Wahl lasst, ob er
mitmachen möchte oder nicht. Manchmal wird er total wild
drauf sein, ein anderes Mal möchte er vielleicht einfach nur
chillen.

Egal, wie alt eure Hunde sind, wenn ihr eurem fellnasigen
Freund eine Runde Langeweile-Killer anbietet, tut ihr ihm was
richtig Gutes!

Okay, es kann losgehen.

Futter!

Ich kann mir vorstellen, dass du auch ein Lieblingsrestaurant
hast. Hab ich recht? Aber wenn wir jeden Tag im selben Res-
taurant am selben Tisch essen müssten, ohne jemals irgendwo
anders essen zu dürfen, würde es bestimmt bald ziemlich
langweilig werden!

Hier sind ein paar Ideen, wie du das Leben deines Hundes
durch Abwechslung beim Füttern bereichern kannst.

Als Erstes plünderst du mit der Hilfe eines Erwachsenen
die Papiertonne. Guck doch mal, welche Sachen du als Langeweile-Killer recyceln kannst. Pappkartons eignen sich zum
Beispiel ausgezeichnet, Eierkartons, alte Zeitungen oder leere
Toilettenpapierrollen.

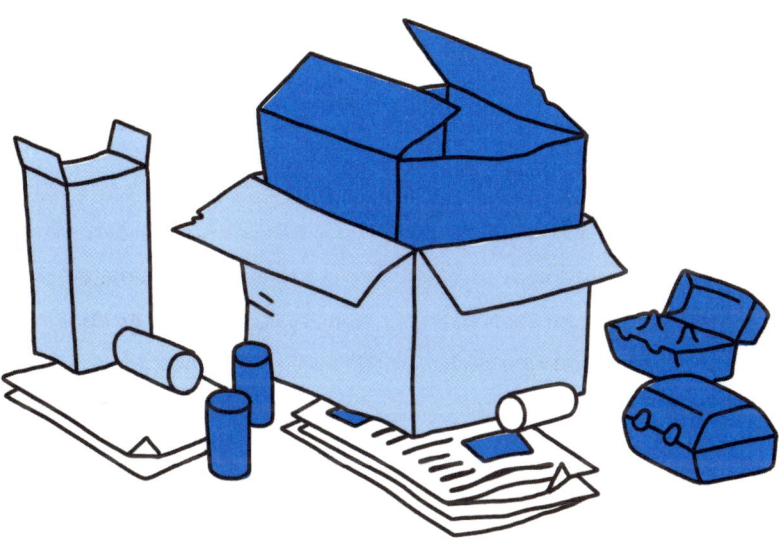

Nimm ein paar Leckerlis und stecke sie in verschiedene
Pappröhren, die Enden knüllst du zusammen, damit das Futter

auch sicher drinnen bleibt, und nun kann es losgehen mit dem Spiel!

Fang mit einer schönen leichten Sache an, an der dein Hund jede Menge Spaß hat: Geh einfach nach draußen (es macht nämlich Dreck) und feuere all die gefüllten Pappröhren raus in den Garten, damit dein Hund sie zerfetzen und an die köstlichen Schätze darin gelangen kann.

Auf dem nächsten Level von Spiel, Sport und Spaß darf der Spaß länger anhalten als die Fressbegeisterung. Geh dazu ohne deinen Hund raus in den Garten und **verstecke** die gefüllten Papierrollen an verschiedenen ausgetüftelten Stellen, ehe du deinen Hund in den Garten lässt. Nun muss er Nase und Augen nutzen, um die Leckereien aufzuspüren.

Du könntest auch mit der Stoppuhr messen, wie lange der Hund braucht, bis er alle Schätze gefunden hat. Geht es zu schnell, musst du wohl noch ein bisschen raffinierter beim Verstecken werden!

Eine weitere **SUPERDUPER** Art, den Hund zu unterhalten, ist diese: Wickele ein einzelnes Leckerli in ein Stück Papier, zum Beispiel in ein Stück von einer Zeitung. Nachdem du das Papier zu einem Ball zusammengeknüllt hast, gibst du es in einen Pappkarton. Damit machst du weiter. Du legst also immer mehr geknüllte Lecker-Bälle in den Karton. Wenn du kein Papier mehr hast (oder alle Leckerbissen verbraucht sind), lässt du den Hund los, damit er sich so über die Schatzkiste hermachen kann wie du an Heiligabend über deine Weihnachtsgeschenke.

Wenn dein Hund eher von der höflichen und feinen Sorte ist, wickele ihm doch einen

Überraschungsfächer.

Dazu legst du eine Seite aus der Zeitung glatt auf den Tisch.

Auf den Rand der Seite legst du ein Leckerchen und faltest das Papier ein paar Zentimeter darüber. Dann drehst du die Seite um (lass die leckere Füllung ja nicht rausfallen, sonst ist dein Hund total enttäuscht!) und wiederholst das Ganze.

Wenn alles geschafft ist, sind einige Leckerlis sorgfältig in einem langen Streifen Zeitung verpackt. Zum Schluss drehst du die Enden zusammen, damit die Leckereien ganz bestimmt drinnen bleiben. Diesen Zeitungsstreifen kannst du dem Hund entweder gleich überreichen, oder du versteckst ihn irgendwo und machst dich zusammen mit deinem Hund auf die Jagd danach.

Merk dir gut: Das ist kein Test, sondern ein Abenteuer. Wähle also kein allzu verrücktes Versteck, also nicht zehn Meter unter der Erde oder oben auf einem Bus!

Wenn du keine Zeitungen hast oder einfach nur ein bisschen faul sein möchtest (wie kannst du es wagen!), könntest du auch die tollste Leberwurstjagd der Welt organisieren.

Bring deinen Hund irgendwohin, wo er dich nicht sehen kann, dann schmierst du ein bisschen Leberwurst auf verschiedene Stellen, wie etwa die Wand, das Bein vom Gartenstuhl oder das Gesicht deiner kleinen Schwester (das ist ein Witz!), damit dein Hund diese Stellen erschnüffeln und nach Herzenslust ablecken kann!

Falls du keine Leberwurst zur Verfügung hast, funktioniert dieses Spiel ganz bestimmt auch mit Erdnussbutter oder Frischkäse.

Unterschätze NIEMALS deine Macht, das Leben deines Hundes so wunderbar wie möglich zu machen. Es ist wirklich großzügig von dir, Langeweile-Killer zu erfinden! Und ich wette, wenn dein Hund abends nach einem Tag voller Bereicherung in sein Körbchen geht, träumt er davon, wie furchtbar lieb er dich hat – und von den ganz neuen tollen Langeweile-Killer-Abenteuern morgen!

GANZ GLEICH, WELCHE LANGEWEILE-KILLER DU FÜR DEINEN HUND AUFBAUST, DENKE IMMER DARAN, EURE ERFOLGE ZUSAMMEN ZU FEIERN!

WIE DU GASSIGEHEN ZUR LUSTIGSTEN SACHE SEIT DER ERFINDUNG LUSTIGER SACHEN MACHST!

Denk mal an deinen besten Freund. Stell dir vor, du gehst mit ihm spazieren. Und nun stell dir vor, dass du den ganzen Spaziergang lang nicht mit ihm redest, mit ihm spielst oder ihn auch nur anguckst.

Das wäre komisch, oder?

Wenn du mit deinem Hund spazieren gehst, ist es genauso. Beschäftige dich mit ihm! Benimm dich nicht komisch!

Manche Leute beklagen sich darüber, dass ihre Hunde auf Spaziergängen

nicht bei ihnen bleiben, immerzu weglaufen und woanders ihr Vergnügen suchen. Wenn du willst, dass dein Hund beim Spazierengehen bei dir bleibt, dann frag dich mal: *Warum sollte er das tun? Was hat er davon?*

Du kannst mir glauben, dein Hund wird sich freuen, wenn er mehr Spaß mit dir haben kann. Hier sind also ein paar Dinge, die du und dein Hund zusammen machen könnt, um nicht nur seinen Körper, sondern auch sein Hirn zu trainieren!

Geht auf eine Schnüffari!

Während du neben deinem Hund herläufst, versteckst du klammheimlich ein paar Gegenstände, die du von zu Hause mitgenommen und eine Weile in deiner Tasche verwahrt hast

– zum Beispiel eine Socke (mit ein paar Leckerlis drin), einen Waschlappen (in den ein paar Käsewürfel eingerollt sind) oder ein altes Portemonnaie (in dem ganz fein eine dünne Scheibe Mortadella steckt!). Lass ungefähr alle zehn Schritte einen der Gegenstände fallen, und wenn du alle fallen gelassen hast, sagst du zu deinem Hund: «Komm, mein Freund, wir suchen!» Ihr beide könnt jetzt gemeinsam emsig jeden eurer Schritte zurückverfolgen – so wie Sherlock Holmes und Dr. Watson.

Sorg dafür, dass jedes Grasbüschel und sämtliche Gebüsche gründlich abgesucht werden, bis du siehst, wie die Nase deines Hundes beim ersten Fund zuckt. Dann sagst du: «Was ist denn das? Zeig's mir mal!», während ihr beide euch an das Ziel heranpirscht. Sobald dein Hund den Schatz gefunden hat, gehst du in die Knie, lobst ihn aufgeregt und hilfst ihm ein bisschen dabei, an das Futter zu kommen. Lass ihn sein Leckerli genießen! Dann rufst du: «Komm mit, wir suchen noch eins!», und ihr macht euch wieder zusammen auf die Jagd.

Schatzsuche

Bitte einen vertrauenswürdigen Menschen, deinen Hund zu halten, während du dich entfernst und alle zwei oder drei Schritte etwas Leckeres fallen lässt. Vielleicht läufst du zwischen die Bäume oder um die Ecke? Wenn du ungefähr fünfzig Schritte weit weg bist, rennst du zu deinem Hund zurück (versuche, in deine Fußspuren vom Hinweg zu treten), nimm die Leine und sag zu deinem besten Kumpel: «Wo ist der Schatz? Zeig ihn mir!» Dann führst du ihn zu dem ersten Leckerbissen, den du fallen lassen hast, und folgst ihm, während er schnuppernd den Weg absucht und sich über jeden kleinen Bissen freut, den du für ihn ausgelegt hast. Hunde sind so glücklich, wenn sie die Welt mit ihren Nasen erkunden dürfen. Wenn du für den Hund eine Schatzsuche vorbereitest, hat er den **ALLERGRÖSSTEN** Spaß mit seinem **BESTEN** Freund – mit DIR natürlich!

Verstecken spielen

Das hier ist LEICHT!

Du brauchst nur jemanden, der deinen Hund hält, während du einen riesigen Aufstand um ihn machst, dann wegrennst und dich hinter einem Baum versteckst. Wenn du außer Sichtweite bist, rufst du einmal den Namen deines Hundes, dann hockst du dich ganz still hin. (Oh, natürlich vereinbarst du vorher mit der anderen Person, dass sie den Hund loslässt, wenn du ihn rufst, sonst sitzt du ewig hinter diesem Baum fest!)

Wenn ich mit meinen Hunden spiele, verhalte ich mich gern so still wie möglich, und ich bin immer richtig aufgeregt, wenn ich die Hunde in den Blättern rascheln höre. Wenn du es schaffst, so RICHTIG still zu bleiben, wird dein Hund seine Nase nutzen müssen, um dich aufzuspüren. Wenn sich jemand megaruhig verhält, können Hundeaugen ihn nämlich nicht besonders gut sehen.

Ich will damit ja nicht sagen, dass du stinkst oder so … aber für deinen Hund tust du genau das!

Schnüffaris, Schatzsuchen und Versteckspiele sind tolle Unternehmungen für dich und deinen Hund. Ich kann dich nur von ganzem Herzen dazu ermutigen, solche Abenteuer für jeden Spaziergang einzuplanen, den ihr miteinander macht.

ÜBERHAUPT

solltest du den Wert von einem ganz normalen Spiel mit dem Lieblingsspielzeug deines Hundes nicht unterschätzen.

NIMM IMMER DAS
LIEBLINGSSPIELZEUG
DEINES HUNDES MIT
AUF SPAZIERGÄNGE
UND ZIEH ES DANN
VÖLLIG UNERWARTET
AUS DER TASCHE.
DANN KÖNNT IHR
LOSJAGEN, ZERREN
ODER SUCHEN.
EINFACH NUR, WEIL
DEIN HUND DAS LIEBT!

Manchmal sind die besten Spiele, die wir mit unseren Freunden spielen, gar nicht geplant: Sie passieren irgendwie – einfach so!

Wenn du ganz unerwartet das Spielzeug rausholst und ein wahnsinnig TOLLES Spiel mit deinem Hund spielst, wird er nicht weglaufen wollen. Schließlich will er so eine wunderbare Gelegenheit nicht verpassen!

Lass uns mal eine Liste aufstellen mit den wichtigsten Dingen, die du zu deinen Hundespaziergängen mitnehmen solltest:

 Einen Hund: Ohne Hund ist ein Hundespaziergang nichts weiter als ein Spaziergang!

 Belohnungen: Dein Hund sollte wissen, dass du jede Menge Leckerbissen dabeihast. Wenn dein Hund irgendwas macht, was du gerne häufiger erleben möchtest, wenn er dich anguckt zum Beispiel oder richtig schön an der Leine läuft, wenn er zu dir kommt, wenn du ihn rufst, oder Sitz macht, wenn du ihn bittest, dann belohne ihn mit einem Leckerbissen.

Merk dir: **Belohnung heißt: Noch mal!**

 Spielzeug: Hunde lieben Aktivitäten wie Hinterherrennen, Packen und Suchen. DU hast es in der Hand, indem du das Lieblingsspielzeug deines Hundes beim Spaziergang hervorholst. DU hast die Superkraft, deinem Hund alles zu geben, was er sich wünscht: Du bist sein Held!

Tüten für den Haufen: Tja, isso.

Für deinen Hund ist der Spaziergang das Highlight seines Tages. Feiere jeden kleinen gemeinsamen Ausflug und nutze ihn zum Spielen, Trainieren und um zusammen mit deinem Hund Spaß zu haben. Es ist eine ganz besondere Zeit, die ihr beide genießen könnt.

WOZU DAS GANZE?

Ziel ist es, **IMMER SPASS ZU HABEN!**
Es ist nicht leicht, dieses Gefühl zu beschreiben, das man hat, wenn man mit seinen Freunden spielt. Du weißt schon, wenn man so richtig spielt. Ohne irgendwelche Sorgen, mit Lachen und nichts als dem Gedanken an den Spaß und die Freude mit denen, die dir am Herzen liegen.

Es ist wirklich ein Geschenk, all diese wunderbaren Gefühle zu jeder Zeit zur Verfügung zu haben.

Und DU hast dieses Geschenk … nämlich:

DEINEN HUND!

Mit meinen Hunden zu spielen, ist absolut und ohne jeden Zweifel mein liebster Zeitvertreib – egal, was in meinem Leben auch passiert! Spielen ist vermutlich das beste Geschenk, das ich meinen Hunden machen kann, und es ist totsicher das beste Geschenk, das sie mir machen. Und es ist ja so: Die besten Geschenke, die man macht und bekommt, sind die, die mit hundert Prozent Ehrlichkeit, Liebe und Hingabe gegeben werden.

DIE BESTEN GESCHENKE SIND DIE, DIE MAN MACHEN WILL, UND NICHT DIE, DIE MAN MACHEN MUSS.

Weil wir aber alle verschieden sind, haben wir bei Geschenken auch verschiedene Vorlieben. Ich würde mich total über ein BVB-T-Shirt freuen, über eins von Bayern München aber so was von gar nicht!

Also: Welche Art von Spiel liebt dein Hund?

Das finden wir jetzt heraus!

Setz dich mit deinem Hund auf den Boden und verstecke verschiedene Spielzeuge hinter deinem Rücken, wie etwa einen Ball am Seil, einen kuscheligen Teddy oder ein Knotentau.

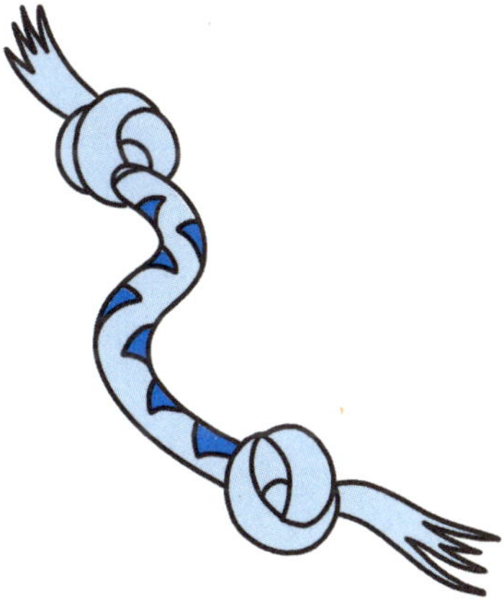

Hol langsam ein Spielzeug hinter deinem Rücken hervor, dabei sagst du leise zu deinem Hund: «Oh, was ist DAS?» Langsam lässt du das Spielzeug vor deinem Hund über den Fußboden zucken, so als würdest du mit einem Kätzchen mit einem Stück Schnur spielen.

Manche Hunde werden das Spielzeug beobachten ... und dann mit der Pfote draufschlagen. Andere werden nach dem Spielzeug schnappen. Und manche flippen vor Entzücken aus, wenn sie hinter dem Spielzeug herjagen können, während du damit um dich herum auf dem Boden Kreise ziehst.

Bring das Spielzeug zum Leben und guck, was passiert ...

Denn, wie ich vorher schon sagte, das Geheimnis ist eigentlich nicht, was das Spielzeug IST, sondern, was das Spielzeug MACHT. Du kannst das Spielzeug all das tun lassen, was du willst. Nutze deine Fantasie. Bei meinem Hund kann ich normalerweise mehr Interesse und Spiellust erwecken, wenn ich das Spielzeug von ihm weg zucken lasse, als wäre es eine kleine ängstliche Maus auf der Flucht. Das funktioniert besser, als das Spielzeug in Richtung Hund zu schieben (als wäre die Maus so verrückt, sich auf eine Prügelei einzulassen!).

Merk dir, hier gibt es keine strengen Regeln, nur eine ganz wichtige:

IHR MÜSST BEIDE SPASS HABEN!

Wenn du MIT deinem Hund spielst, ist es gut, ein Spielzeug zu benutzen, das ihr beide gleichzeitig festhalten könnt, wie zum Beispiel einen Ball am Strick oder ein zusammengerolltes Geschirrhandtuch (selbstverständlich mit Erlaubnis des Küchenchefs).

Beim Spielen geht es eigentlich oft um einen kleinen Wettstreit. Die Schwierigkeit mit einem einfachen Ball ist, dass entweder du ihn hast oder der Hund, viel Wettstreit gibt es da also nicht. Der Ball am Strick ist deshalb so gut, weil dein Hund und du damit ein kleines Tauziehen veranstalten könnt.

Da wir gerade vom Tauziehen reden, für den **SUPER-DUPER** Trainer ist der Sieg nie das Ziel beim Spielen. Es geht allein darum, noch mehr Spaß zusammen zu haben und den Hund spüren zu lassen, wie wunderbar es ist, mit dir zu spielen. Wenn ihr zusammen tobt, darfst du immer nur so viel Anstrengung und Kraft einsetzen, wie dein Hund ins Spiel einbringt.

Das heißt, du hältst das Spielzeug ganz locker in der Hand, nicht in der krampfhaft geballten Faust mit den weißen Knöcheln, die um jeden Preis gewinnen will!

LASS DEINEN HUND GANZ, GANZ OFT GEWINNEN, SO LERNT ER DAS SPIEL IMMER MEHR LIEBEN, UND WENN DAMIT SEIN SELBSTBEWUSSTSEIN GRÖSSER WIRD, WIRD ER SICH AM ENDE DES SPIELS AUCH NOCH MEHR LIEBEN – UND DICH!

Klar, du kannst auch mal gewinnen, aber vergiss nicht, keiner spielt gern ein Spiel, das er immer verliert. (Wenn das so wäre, könnte er ja gleich zum HSV gehen.)

Bei so einem Zerrspiel bleibt der Hund am Spiel interessiert, wenn du das Spielzeug ständig bewegst. Dann wird er es nicht so schnell loslassen. Wichtig ist aber, dass alles schön entspannt bleibt. Deine Handbewegungen sollten ruhig bleiben. Behalte deinen Hund im Auge und achte darauf, dass alle seine vier Pfoten immer schön auf dem Boden sind.

Sorge dafür, dass der Hund den Hals nie überstreckt. Bewege deine Hände immer von einer Seite zur anderen, nie vor und zurück, damit der Hund nicht zu hektisch wird, sondern immer ein sicheres Gefühl behält.

Achte beim Spielen auf deine eigene Körpersprache. Wenn dein Körper zu steif wirkt oder du dich zu weit vorbeugst, wird dein Hund nicht entspannt bleiben können. Also: Immer **GANS(Z) *locker***, wenn du mit deinem Hund spielst.

Wozu das Ganze?

Spiele mit deinem Hund können Elemente von Jagen, Packen, Fangen, Zerren, Suchen und Finden enthalten. Das alles ist in Ordnung, solange es sich um fröhliche, entspannte Aktivitäten handelt.

Wenn du nach einem Spiel weißt, dass dein Hund so was noch mal machen möchte, dann hat es funktioniert. Mach weiter so!

WENN ES SPASS MACHT, IST ES SPIEL.

JEDER TAG IST WIE WEIHNACHTEN!

Alle lieben Geschenke, oder?

Und wenn ich so drüber nachdenke … niemand würde sich danebenbenehmen, wenn er geduldig darauf wartet, ein Geschenk von jemandem zu bekommen, den er gern mag, oder?

Nun schauen wir mal, ob du mit deinen **SUPER-DUPER** Hundetrainerfähigkeiten deinem Hund beibringen kannst, sich über Geschenke zu freuen – und dabei höflich und wohlerzogen zu bleiben. Dann ist nämlich jeder Tag wie Weihnachten!

Wir fangen von vorne an: Was lieben Hunde?

Nun, sie lieben es, mit den Familienmitgliedern zusammen zu sein, die für sie sorgen (also mit dir hoffentlich), sie lieben schnuppern, und sie LIEBEN fressen und kauen.

Aus all diesen Aktivitäten kannst du «Geschenke» machen, mit denen du feines, geduldiges Benehmen von deinem Hund BELOHNST.

OKAY, SETZ DICH GERADE HIN, SCHAU NACH VORN. UND: AN DIE ARBEIT!

Du schnappst dir einen alten Sportbeutel oder so was Ähnliches und packst den Lieblingskauknochen von deinem Hund hinein, dazu eine Plastikdose mit ein paar seiner liebsten Leckerlis. Wirf dir den Beutel über die Schulter und mach dich mit deinem Hund zusammen auf in den Garten. Du bist jetzt – für deinen Hund – ein sehr junger und, ich möchte mal sagen, ein sehr intelligenter Weihnachtsmann!

Um deinen Hund in die richtige Stimmung zu bringen und dir seine Aufmerksamkeit zu sichern, bewegst du dich langsam und entspannt. Wenn du entspannt bist, ist dein Hund das auch – und in der Lage, sich zu konzentrieren.

Manchmal, wenn Leute mehr Aufmerksamkeit von ihrem Hund fordern wollen, werden sie immer lauter, springen rum wie die Wahnsinnigen und fuchteln mit Spielzeug über ihren Köpfen herum.

VOLL DANEBEN!

Es sind die ruhigen Bewegungen und leisen Geräusche von dir, die Neugier und Konzentration bei deinem Hund wachsen lassen.

Setz dich langsam ins Gras und sag leise: «Na, mein Freund? Was hab ich heute für dich in meinem Beutel?»

Wenn du leise und sanft sprichst, wird dein Hund lernen, wirklich die Ohren zu spitzen und zu lauschen, damit ihm auch in Zukunft ja kein Leckerbissen und keine Belohnung entgeht!

Dabei machst du langsam den Beutel auf und holst die Dose mit den Leckerlis heraus. Ganz feierlich, so als würde sie die kostbarsten Juwelen der Welt enthalten. Mach den Beutel sachte wieder zu und öffne die Dose sehr, sehr behutsam ein ganz klein wenig und erlaube deinem Hund, die darin enthaltenden Wunder zu riechen!

Nach ein paar goldenen Schnuppersekunden wartest du, bis der Hund die Nase von der Dose entfernt, dann nimmst du langsam einen Leckerbissen heraus und gibst ihn deinem höflich wartenden Hund. Die guten Dinge kommen zu dem,

der warten kann. Wenn dein Hund zu ungeduldig wird und dich mit der Schnauze oder der Pfote stupst, wartest du einfach, bis er wieder fokussiert ist. Dann reichst du ihm langsam den Leckerbissen, und er darf ihn genießen. So lernt der Hund, dass etwas Schönes passiert, wenn er lieb wartet!

Wichtig ist, dass du nicht zu begierig darauf schaust, dass dein Hund lange geduldig ausharrt – **zwei oder drei Sekunden** reichen völlig. Wir wollen ihn schließlich nicht frustrieren.

Wiederhole diesen Ablauf mehrere Male, dann verstaust du die Dose wieder im Beutel und holst – wie der größte Zauberer der Welt – ganz langsam den Kauknochen für deinen Hund heraus. Und den darf er genießen, während er neben dir sitzt oder liegt.

ES IST WUNDERBAR, WENN DEIN HUND SICH NEBEN DIR ENTSPANNT UND CHILLT. ES ZEIGT DIR, DASS ER VERTRAUEN ZU DIR HAT UND IN DEINER GEGENWART GLÜCKLICH IST.

Wenn deine Fellnase beim Kauen zufrieden und entspannt
neben dir liegt, kannst du ihr sanft die Hüften streicheln und
den ganzen Rücken entlang. Aber Vorsicht, nicht zu nah am
Kopf streicheln, sonst macht dein Hund sich vielleicht Sorgen,
dass du ihm seinen Kauknochen klauen willst!

Falls dein Hund ein langsamer Kauer ist, nimm dir ein Buch
mit, das du lesen kannst, während ihr beide chillt.

**Weißt du, was? Nimm DIESES Buch, es ist der
Kracher!**

Nachdem das große Kauen beendet ist, streichelst du deinen
Hund noch einmal ganz gemütlich und beendest damit eure
Arbeitseinheit. Du kannst dir ganz sicher sein, dass für dei-
nen Hund diese gemeinsame Zeit mit dir der beste Teil des
Tages war.

Und morgen bitte noch mal dasselbe.
Für deinen Hund kann jeder Tag
wie Weihnachten sein.

HUNDEWISSEN FÜR
SCHLAUBERGER

Hunde haben dieselbe Sinne wie du und ich: **Schmecken, Fühlen, Hören, Sehen, Riechen.** Einige Sinne sind bei Menschen ausgeprägter, aber manchmal sind Hunde uns haushoch überlegen …

Schmecken

Hunde sind nicht so heikel wie wir, wenn es um Geschmack geht. Also, ganz ehrlich, sie würden aus dem Mülleimer fressen, wenn wir sie ließen! Aber es ist wirklich seltsam, dass Hunde VIEL besser darin sind, verschiedene Sorten Wasser zu unterscheiden. Genau wie wir sind sie in der Lage, Geschmacksrichtungen wie bitter, süß, salzig und sauer zu unterscheiden. Doch wenn es um die Anzahl der Geschmacksknospen für den verfeinerten Gaumen geht, gewinnen wir Menschen. Wir haben so um die neuntausend Geschmacksknospen, dein Hund hat nur tausendsiebenhundert … Aber weißt du, was? Ich glaube, das ist ihm ganz egal.

Fühlen

Mach dich bereit, ich werde jetzt ein kompliziertes Wort benutzen: **Vibrissen**. Eindrucksvoll, oder? Ich hab's dir ja gesagt. Vibrissen sind die langen Schnurrhaare, die bei deinem

Hund an der Schnauze, den Augenbrauen und am Maul wachsen. Siehst du sie?

Die Aufgabe dieser Schnurrhaare ist es, die Umgebung um das Gesicht des Hundes herum «abzutasten» und Botschaften an das Gehirn zu senden, die ihn über irgendwelche plötzlichen Veränderungen in der Luftströmung informieren und ihm Bescheid geben, wenn sein Maul sich irgendwelchen Dingen nähert. Das ist echt nützlich, wenn der Hund im Dunkeln einen kleinen Bissen vom Fußboden aufsammeln will.

Hören

Hunde können Geräusche, die weiter weg sind, nicht nur besser hören als wir, sondern auch ein viel breiteres Spektrum an Frequenzen und Tönen wahrnehmen.

UND OBENDREIN

sind Hundeohren – mit doppelt so viel Muskeln wie deine oder meine Ohren – auch noch beweglich (deine nicht, vermute ich mal). Hunde sind in der Lage, ihre Ohren unabhängig voneinander zu bewegen, nur eins zum Beispiel (jetzt bin ich ganz sicher, dass du das nicht kannst. Oder doch?).

Sehen

Beim Sehvermögen sind wir die Gewinner, wenn es darum geht, Feinheiten zu erkennen. Aber Hunde, mit ihrer langen Geschichte als Jäger, sind besser darin, Bewegungen in der Ferne auszumachen. (Das ist enorm nützlich, wenn man sich ein Kaninchen zum Abendessen fangen muss.) Hunde sind auch ziemlich gut darin, im Dunkeln zu sehen, allerdings längst nicht so gut wie Katzen.

Wir Homo sapiens sind in der Lage, eine größere Palette an Farben zu erkennen als Hunde. Deshalb hat auch noch nie ein Hund die Billard-Weltmeisterschaft gewonnen. Obwohl Hunde uns nie beim Billard schlagen werden, sind sie die klaren Gewinner, wenn es um Augenlider geht. Menschen haben zwei Lider an jedem Auge. Hunde haben drei! Das dritte kann seitwärts wischen, und das hilft, den Augapfel feucht zu halten und Dreck zu entfernen. Ist aber ein bisschen gruselig, das muss ich zugeben.

Riechen

Erinnerst du dich, dass ich dir erzählt habe, dass der Geruchssinn vom Hund so in etwa

EINHUNDERTTAUSENDMAL

besser ist als unserer? Wir beide können in eine Bäckerei gehen und all die leckeren Brote und Kuchen riechen, dein Hund könnte aber alle verschiedenen Zutaten herausschnuppern.

Manchmal, wenn du richtig Angst hast, schickt dein Körper ganz einzigartige chemische Stoffe an die Oberfläche der Haut. Dein Hund hat die großartige Fähigkeit, diesen Geruch wahrzunehmen. Und vielleicht kommt er zu dir, um dich zu beruhigen oder dir Mut zu machen. Denkbar wäre das. Sind Hunde nicht einfach die Besten?!

Hast du gewusst, dass dein Hund – wenn es ein weiblicher Hund ist – 320 Knochen im Körper hat? Wenn dein Hund männlich ist, dann hat er 321 Knochen. (Frag MICH nicht, was das für ein Extraknochen ist, das zu beantworten, ist Sache deiner Eltern!)

 Deine normale Körpertemperatur liegt zwischen 36 und 37° Celsius. Die normale Körpertemperatur von Hunden liegt bei 38–39° Celsius.

 Ein Greyhound kann mit erstaunlicher Geschwindigkeit laufen. Er kommt auf bis zu 80 Stundenkilometer, während ein Mops gemütlicher mit vier bis acht Stundenkilometern unterwegs ist, solange es nicht bergan geht!

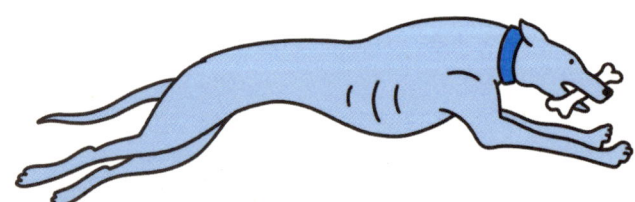

Wusstest du, dass Welpen täglich bis zu achtzehn Stunden Schlaf brauchen und erwachsene Hunde gut vierzehn Stunden schlummern sollten? Wenn dein Hund schläft, ist es ganz wichtig, dass du ihn nicht störst, damit er in aller Ruhe entspannen kann und nicht mit schlechter Laune aufwachen muss.

 Wir Menschen haben über 500 verschiedene Hunderassen gezüchtet, dabei ist eine enorme Vielfalt an Größen, Körperformen und Fähigkeiten entstanden.

 Bestimmte Rassen, wie etwa Neufundländer und Labradore, die gern schwimmen, werden manchmal mit Schwimmhäuten an den Pfoten geboren, die ihnen helfen, noch schneller durchs Wasser zu pflügen. Übrigens machen sich Hunde im Wasser ziemlich gut. Als die *Titanic* 1912 sank, haben drei Hunde überlebt.

Bernhardiner sind die schwerste, Dänische Doggen die größte Hunderasse. Und die kleinste? Na, das werden die mächtigen Chihuahuas sein.

UND WER IST DER BESTE HUND?

DAS IST DER, MIT DEM DU JETZT GERADE ZUSAMMEN BIST.

SÜSSES UND SAURES!

Ich hab mir ein paar umwerfende Kunststücke aus-
gedacht. Du wirst Spaß haben, wenn du sie deinem
Hund beibringst – und er, wenn er sie vorführt.

Wenn du deinem Hund Kunststücke oder Tricks
beibringst, verfeinerst du dabei deine Fähigkeiten
als Trainer – und dein Hund bekommt die Gelegenheit, sich ganz viele wunderbare Belohnungen zu
verdienen!

Bei diesem Training musst du vorsichtig sein. Dein
Hund ist die ungewöhnlichen Bewegungen vielleicht
nicht gewohnt, du darfst es also nicht übertreiben.

Genießt dieses Training, das nicht nur eine spitzen-
mäßige Art ist, die Bindung und Beziehung zu deinem Hund zu verstärken, sondern auch noch super
eindrucksvoll aussieht!

HIGH FIVE!

Wenn du deinem Hund das Abklatschen beibringst, ist das wirklich ein cooler Trick. Du und dein bester Freund werdet bei eurem wie gewohnt guten, positiven Training garantiert Spaß haben!

Und so meistert ihr den High Five …

I) Mit einer leckeren Belohnung in der geschlossenen Faust streckst du deinem Hund ungefähr in Brusthöhe die Hand hin. Der Hund wird verschiedene Taktiken ausprobieren, um an das Leckerli zu kommen: Er wird schnuppern, lecken und irgendwann mit der Pfote danach schlagen! Sobald dein Hund die Pfote hebt und deine Faust berührt, sagst du: «Gut», machst die Hand auf und lässt den Hund das wohlverdiente Leckerli genießen. Wenn dein Hund gleich mit der Pfote nach der Faust schlägt, die du ihm hinhältst, ist es Zeit für Schritt zwei …

2) Strecke deinem Hund die Hand hin wie zuvor, aber jetzt hast du kein Leckerli in der geschlossenen Faust, sondern du machst die Hand auf, die Handfläche zeigt nach oben. Das Leckerli bleibt in deiner Gürteltasche, bis dein Hund mit der Pfote nach deiner Hand schlägt. Sobald er das tut, sagst du «Gut!» und gibst dem Hund eine Belohnung aus dem Leckerlibeutel, wobei du ihm sagst, wie wunderbar er seine Sache gemacht hat.

3) Nun kommt ein bisschen mehr Bewegung in die Sache … Deine Handfläche zeigt jetzt nicht mehr himmelwärts, sondern zum Hund, der mit der Pfote nach ihr schlagen soll. Mach dir klar, dass so eine Bewegung von deinem Hund sehr viel mehr Flexibilität verlangt. Das ist wichtig, also mach es dem Hund so leicht wie möglich, indem du ihm deine Hand auf einer Höhe hinhältst, die für ihn bequem mit der Pfote zu treffen ist.

4) Der letzte Schritt besteht darin, ein Wort für dieses Verhalten hinzuzufügen. Während du die Hand mit der zum Hund zeigenden Handfläche ausstreckst, sagst du mit fröhlicher Stimme «High Five». Und dann, sobald dein Hund dich abgeklatscht hat, sagst du aufgeregt: «Gut!», gibst ihm eine Belohnung aus der Gürteltasche und schreibst allen deinen Tanten und Onkeln, dass dein Hund einfach

 ist.

MACH DEIN BETT!

Ich weiß ja, dass du das weltbeste Menschenwesen im Bettenmachen bist, weil du das immer gleich nach dem Aufstehen erledigst, und jetzt bringen wir deinem Hund bei, die weltbeste Fellnase im Bettenmachen zu werden.

Nimm ein Handtuch, schön schwer soll es sein, leg es flach auf den Boden und lass deinen Hund zugucken, wenn du ein Leckerli zwischen die beiden Ecken auf den Rand des Handtuchs legst. Dann faltest du den Rand des Handtuchs über das Leckerli. Das Handtuch ist ein bisschen eingerollt, das Leckerli ist bedeckt.

Während dein Hund ganz interessiert zuguckt, sagst du «Mach dein Bett!» und ermutigst ihn, das Handtuch mit der Nase zu entrollen, um das Leckerli freizulegen, das er zweifellos umgehend verschlingen wird! Gut so.

Als Nächstes legst du das Leckerli genauso aufs Handtuch wie zuvor, aber dieses Mal rollst du das Handtuch dreimal um das Leckerli herum, bevor du zu deinem Hund sagst: «Mach dein Bett!»

Nach jeder erfolgreichen Wiederholung, wickelst du das Handtuch einmal mehr um den Leckerbissen, sodass du am Ende eine lange Handtuchwurst vor dir hast, die dein Hund ganz sachte (sachte? Wollen wir hier jemanden an der Nase

TRAINING HEISST TEAMWORK!

herumführen?) entrollen kann. **Er macht sein Bett, und die leckere Belohnung gehört ihm.**

Und darum geht's:

Wenn dein Hund sich schwertut, dann hilf ihm. Das hier ist ja keine blöde Prüfung.

Sollte er verwirrt sein, darfst du ihm ruhig zeigen, wie man das Handtuch entrollt.

(Falls jemand ins Zimmer kommt und sieht, wie du ein Handtuch mit der Nase über den Boden rollst, ist dein Hund wenigstens nicht der einzige Verwirrte.)

Vielleicht rutscht das Handtuch auch zu sehr auf dem Boden hin und her, dann solltest du deinem Hund den Trick lieber auf einem Teppich beibringen oder die Ecken des Handtuchs festhalten, während der Hund vor sich hin schnuppert.

Ich frage mich gerade, ob du deinem Hund vielleicht beibringen kannst, geduldig Sitz zu machen, während du für ihn das Handtuch um das Leckerli wickelst?

Es gibt nur einen Weg, das herauszufinden.

DREH DICH!

Müsst ihr euch im Sportunterricht nicht immer ordentlich aufwärmen, ehe ihr mit dem Training beginnt? Damit ihr euch keinen Muskel zerrt?

Dasselbe solltest du mit deinem Hund machen, damit er tipptopp in Form und zu allem bereit ist, wenn du die

O JA, O JA!
TENNISBÄLLE

zum Hinterherrennen hervorholst.

Vor jeder Übung, die viel Einsatz erfordert, joggst du am besten ein bisschen mit deinem Hund herum, um euch beide warmzumachen. Dann kann das Dreh-dich-Training beginnen …

Nimm eine Belohnung in die von dir bevorzugte Hand, dabei sitzt dein Hund vor dir und sieht dich an. Senke die Hand mit der Belohnung bis zur Hundenase, **GUT GEMACHT, ALLE BEIDE!** Sonst sitzen wir noch den ganzen Tag hier.

Die Belohnung bleibt auf Hundenasenhöhe, und du bewegst deine Hand langsam eine Vierteldrehung weg von dir. Die Hundenase folgt dabei der Belohnung. Und wenn der Kopf von deinem Hund jetzt nicht auf sehr merkwürdige Weise am Körper befestigt ist, werden Kopf, Hals, Schultern und das Hinterteil nicht zu weit weg sein! Sobald sich dein Hund eine Vierteldrehung von dir weggedreht hat, sagst du «Gut!» und gibst ihm die Belohnung.

Im nächsten Schritt lockst du den Hund mit einem Leckerli eine halbe Drehung von dir weg. Achte darauf, dass du die Belohnung immer auf seiner Nasenhöhe hältst, während du ihn in die Drehung lockst. Wenn du einen großen Hund hast, brauchst du megalange Arme, wenn es ein kleiner Hund ist, einen beweglichen Rücken. Zum Glück bist du ja nach dem Joggen gut aufgewärmt.

Als Nächstes nimmst du eine Belohnung in die Hand und lockst den Kopf deines Hundes eine volle Drehung im Kreis herum, bevor du sie ihm gibst.

Deine vorletzte Aufgabe ist es, «Dreh dich!» zu sagen, während du den Hund vor dir einen Kreis machen lässt. Dann belohnst du ihn.

Wenn dir das zehn von zehn Malen gelingt, besteht der letzte Schritt darin, deinen Hund nur mit der Hand erfolgreich eine ganze Drehung machen zu lassen.

Sobald du deinen Hund mit leerer Hand dazu bringen kannst, ein «Dreh dich» zu machen, hat er fünf Leckerlis als Belohnung verdient, finde ich. Und ich finde auch, dass du dich selbst nach dem Mittagessen mit einem extra Schokoladenkeks belohnen solltest – für die gute Arbeit, die du geleistet hast.

GUT GEMACHT, ALLE BEIDE!

Jetzt fehlt noch eine letzte, allerletzte (ich schwöre!) Aufgabe. Ganz wichtig ist nämlich, dass wir (du, ich oder unsere Hunde) für Ausgleich sorgen. Wenn wir eine Übung in die eine Richtung gemacht haben, wiederholen wir sie zum Ausgleich in die entgegengesetzte Richtung. Auf diese Weise bleiben unsere Muskeln gesund und schön im Gleichgewicht.

Am besten nutzt du dabei die rechte Hand, um den Hund zu einer Drehung im Uhrzeigersinn zu locken, und die linke Hand für die Drehung gegen den Uhrzeigersinn.

Dieser Tipp ist speziell für **SUPERDUPER** Trainer, wie wir es sind.

HANDTOUCH

Jetzt will ich dir verraten, wie du deinem Hund ein Handtouch beibringst. Das sieht nicht nur ziemlich cool aus, sondern … zieh dein Buch mal dichter ran, das soll kein anderer
sehen! … ist echt leicht einzuüben.

PSSSSST!

Und das ist ein Handtouch: Du streckst deine Hand flach aus,
sagst «Touch!», und dein Hund berührt mit der Nase deine
Handfläche.

Der Handtouch ist wirklich praktisch, wenn dein Hund
gern arglosen Besuch anspringt – so wie deine Oma zum
Beispiel. Dann kannst du ihn stattdessen zu einem «Touch»
auffordern. So behält er alle vier Pfoten auf dem Boden, wenn
er den Besuch begrüßt.

Falls dein Hund vor einer Untersuchung beim Tierarzt
total zappelig ist, dann rate doch mal, welchen Trick du buch-
stäblich aus dem Ärmel schütteln kannst, um ihm zu helfen?
Du hast es erfasst: den Handtouch.

Ich mache diese Hand-zur-Nase-Übung sehr gern mit meinen Hunden (mit meinem rotznäsigen kleinen Bruder begeistert sie mich weniger).

Und das sind die Schritte zum Einüben dieser eindrucksvollen Übung:

1) Nimm eine schöne dicke Belohnung in die Hand und klemme sie zwischen den zweiten und dritten Finger.

2) Ruf den Namen deines Hundes, um seine Aufmerksamkeit auf dich zu ziehen, und verstecke die Hand mit der Belohnung hinter deinem Rücken.

3) Wenn ihr bereit seid, ziehst du den Arm hinter dem Rücken hervor und streckst die Hand mit der Handfläche nach oben aus. Halte etwa eine Armeslänge Abstand zur Hundenase. Zum Glück sind Hunde sehr neugierig, die Belohnung zwischen deinen Fingern wird also dafür sorgen, dass die Hundenase sich auf deine Hand zubewegt.

4) Sobald die Nase deine Hand berührt, sagst du «Gut!», **ABER GIB IHM NICHT DIE BELOHNUNG ZWISCHEN DEINEN FINGERN!** Du lässt die Hand mit dem Leckerbissen wieder hinter deinem Rücken verschwinden, den Hund belohnst du mit einem Leckerli aus der Gürteltasche. Nach mehreren erfolgreichen Wiederholungen versuchst du es ein paarmal ohne das Lockmittel zwischen den Fingern.

5) Wenn dieser Ablauf schön und flüssig klappt, sagst du «Touch», sobald du deinem Hund die Hand zum Nasenstupsen hinhältst. Und bei der Berührung sagst du «Gut!» und gibst ihm was Leckeres aus der Gürteltasche.

Zeigt sich jetzt, dass dein Hund das Genie ist, für das du ihn schon immer gehalten hast, ist die Zeit gekommen, ihn dazu zu bringen, dieses Verhalten über einen längeren Zeitraum auszudehnen. Dein Hund wird lernen, seine Nase länger und immer länger an deine Handfläche zu halten, bevor du «Gut!» sagst und ihn dafür belohnst, dass er seine Sache so gut gemacht hat.

Wenn wir das Ganze noch ein bisschen aufpeppen, gelingt es dir vielleicht auch noch, die ersten Schritte von eurem ganz persönlichen Hundetanz einzuüben.

Statt die Touch-Hand immer auf derselben Höhe hinzustrecken, halte sie auch ab und zu mal etwas höher oder tiefer, vielleicht auch mal durch deine Beine hindurch, damit dein Hund interessiert bleibt und immer wissen will, welche irren Schritte du dir als Nächstes für euren Tanz ausdenkst …

Und bei der nächsten Party bei dir zu Hause dimmst du dann die Beleuchtung, legst Musik auf und ihr stürmt die Tanzfläche!

WICHTIG:

ACHTE DARAUF, DASS DU STILLHÄLST, WENN DER HUND SEINE NASE ZU DEINER HAND BEWEGT, DAMIT DU IHM NICHT VERSEHENTLICH AUF DIE NASE HAUST. DAS TUT ECHT WEH!

KNIFFLIGES

Als wir klein waren, machte mein Bruder gern Puzzles. Dafür hatte ich nicht so viel übrig, ich knobelte lieber am Hundetraining herum. Das hat allerdings viel gemeinsam mit einem Puzzlespiel.

Wie beim Puzzle ist auch beim Hundetraining jedes Einzelteil klein, aber es ist enorm wichtig, dass es an die richtige Stelle gelegt wird, damit alle Teile ineinanderpassen und sich zu etwas Großem zusammenfügen.

In einem Puzzle sind alle Teile wichtig, aber die Eckstücke sind immer die Teile, die ein schlauer Puzzler zuerst an ihren Platz legt.

Und was sind die vier wichtigen Eckstücke, die wir beim Hundetraining zuerst am richtigen Platz haben wollen?

Erstes Eckstück: Vertrauen

Ohne Vertrauen können wir einfach keine **SUPERDUPER** Trainer sein. Tu, was du kannst, damit dein Hund weiß, dass du freundlich bist, für seine Sicherheit und für Spaß beim Training sorgst, dass du kleine Ziele setzt, die ihr gemeinsam erreichen und feiern könnt.

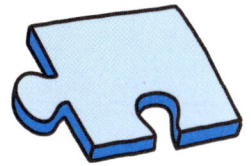

Zweites Eckstück: **Motivation**

Als **SUPERDUPER** Trainer verlangst du von deinem Hund, sich in der komplizierten Welt der Menschen zurechtzufinden! Manchmal ist das richtig schwer für deinen Hund. Er wird sein Bestes geben – achte du darauf, ihn immer gut dafür zu belohnen, wenn er etwas macht, was dir gefällt. Wenn du deinen Hund belohnst, weil er etwas «richtig» macht, wird er sich nächstes Mal umso mehr für dich ins Zeug legen, um noch eine tolle Belohnung zu bekommen.

Drittes Eckstück: Erreichbare Ziele

Es hat wenig Sinn, auf Französisch bis hundert zählen zu wollen, wenn man das französische Wort für «eins» noch nicht weiß. Und Mathe lernt man auch nicht beim Achterbahnfahren.

Wichtig ist, beim Training ganz kleine Ziele zu setzen, die ihr beide erreichen könnt – ein kleiner Schritt folgt auf den nächsten kleinen Schritt. So bleibt ihr beide, du und dein Hund, motiviert dafür, den nächsten Minischritt zu machen. Sorge auch dafür, dass ihr an Orten trainiert, an denen es weder für dich noch für den Hund zu viel Ablenkung gibt. Willst du zu schnell zu hoch hinaus, werdet ihr beide immer wieder Fehlschläge einstecken müssen.

Das ist nicht toll, das ist Mist!

Viertes Eckstück:
Ehrlichkeit

Wenn es um deine Erwartungen geht: Sei ehrlich. Wir können von unseren Hunden doch nicht im Ernst etwas verlangen, das wir mit ihnen nicht ordentlich eingeübt haben. Die Sache ist die: Hunde lügen nie! Hast du ein Verhalten gut mit deinem Hund trainiert, wird er es zeigen, wenn du es verlangst. Verlangst du es, und er macht es nicht, heißt es nur, dass du es noch nicht gut genug mit ihm eingeübt hast!

Sei ehrlich mit den Belohnungen. Wichtig ist nicht, was du für die allerbeste Belohnung für deinen Hund hältst, sondern das, was dein Hund wirklich am liebsten als Belohnung haben möchte. Manche Hunde lieben Futter, manche lieben Streicheln, Klopfen, Kuscheln, manche lieben Spielzeug. Nimm dir Zeit. Finde heraus, was dein Hund am allerliebsten mag, und belohne damit das Verhalten, das du am allerliebsten sehen willst.

So, jetzt kennst du die vier wichtigen Eckstücke von jedem Hundetrainingspuzzle. Aber wie steht's mit all den anderen Puzzleteilen, die zusammengefügt erst das endgültige Bild ergeben?

Wir können die Lücken in deinem Puzzle mit Spaß, Liebe, Ehrgeiz, Geduld, Können, Kreativität, Fantasie, Planung und Zeit füllen.

Lege die vier Eckstücke des Trainingspuzzles an ihren Platz und erfreu dich daran, all die anderen wertvollen Teile zusammenzufügen und einen glücklichen, vertrauensvollen, optimistischen und begeisterten Trainingspartner zu erhalten.

GENIESST EURE GEMEINSAMEN TRAININGS-ABENTEUER!

DIE ABSCHLUSS-FEIER

Wow!

**Wir haben es geschafft – wir sind am Ende
eines ganzen Buches angelangt!**

**Ich hoffe wirklich, dass du dieses Buch genauso
gern gelesen hast, wie ich es für dich
geschrieben habe.**

Und jetzt wird es feierlich …

Komm nach vorne ...

Verbeuge dich (nur wenn du willst).

Hiermit verkünde ich, dass du den Titel

SUPER-
DUPER
HUNDETRAINER

erworben hast.

Aber ...

… hier endet die Reise nicht, das ist erst der Anfang.

Ein **SUPERDUPER** Hundetrainer möchte auch in Zukunft dem Rest der Welt zeigen, wie jeder Mensch mit seinem Hund als besten Freund an seiner Seite ein langes glückliches Leben teilen kann.

Du bist jetzt die Zukunft des Hundetrainings.

Du bist es, dem fantastisch Kreatives einfallen wird, das Hunden und ihren Besitzern in Zukunft weiterhelfen wird.

Sei stark, sei positiv, sei mutig und **sei der superduper Hundetrainer, den dein Hund verdient.**

Go for it!

DIESE URKUNDE WIRD ÜBERREICHT AN

. . . .

ZUM ERFOLGREICHEN ABSCHLUSS DES

SUPER-DUPER HUNDETRAININGS

Datum: . . . .

WÖRTER**RÄTSEL**

BALL	KOMM	SCHNAUZE
BELOHNUNG	KÖRBCHEN	SCHNÜFFELN
BETT	KRAULEN	SITZ
GÜRTELTASCHE	LAUFEN	SPIELZEUG
GUT	LEINE	STATUE
HALSBAND	NASE	TRAINER
HUND	PELZ	TÜTEN
HUNDEGESCHIRR	PFOTEN	WELPE
KAUEN	PLATZ	

Die Wörter verstecken sich waagerecht, senkrecht oder diagonal.

```
H S O A Z W T Ü T E N K I S P
U A I K H E B N G L I O P C F
N S L T K L C M U C K M E H O
D T A S Z P D S T U A M R N T
E A U V B E L O H N U N G A E
G T F W S A B S E T E B Ü U N
E U E K O F N E G U N A P Z R
S E N L R G E D T L H L O E G
C K Ö R B C H E N T U L K S P
H T R A I N E R L I N Z I E E
I R Ü C K R U F R E D A C P L
R K R A U L E N P I I T Ö L Z
R O S C H N Ü F F E L N V A F
S P I E L Z E U G N A S E T B
G Ü R T E L T A S C H E M Z D
```

195

DANKSAGUNG

An diese Stelle setzen Hundebuchautoren normalerweise eine süße kleine Danksagung an ihre Hunde. Aber meine Hunde lesen nur ganz selten mal ein Buch, in der Regel warten sie lieber auf die Verfilmung.

Ich verrate dir aber mal, wer Bücher liest: die Leute, die in den Verlagen die ganze schwere Arbeit machen, und die, die all meine Reihenfolge-Wörter in die richtige Wörter-Reihenfolge bringen. Ein großes Dankeschön also an Madiya Altaf, Matthew Phillips und Martin Roach.

Doch ich bedanke mich tatsächlich auch bei meinem ganz speziellen Staffie-Rettungshund namens Pablo. Immer wenn ich übers Hundetraining schreibe und nicht weiterweiß, schaue ich Pablo an, der normalerweise schnarcht, kaut oder den Chihuahua Nancy ärgert (manchmal all das gleichzeitig), und frage: «Wie würde Pablo das erklären?»

Selbst im Schlaf ist Pablo ein Genie, und wenn ich mir die Welt mit seinen Augen ansehe, wird mir klar, dass wir alle was ganz Besonderes sind und was wir für ein Glück haben.

Solltest du mal nicht wissen, wie es weitergeht, dann schau dir die Welt mit den Augen deines Hundes an.

AUFLÖSUNG DES
WÖRTERRÄTSELS

```
H S O A Z W T Ü T E N K I S P
U A I K H E B N G L I O P C F
N S L T K L C M U C K M E H O
D T A S Z P D S T U A M R N T
E A U V B E L O H N U N G A E
G T F W S A B S E T E B Ü U N
E U E K O F N E G U N A P Z R
S E N L R G E D T L H L O E G
C K Ö R B C H E N T U L K S P
H T R A I N E R L I N Z I E E
I R Ü C K R U F R E D A C P L
R K R A U L E N P I I T Ö L Z
R O S C H N Ü F F E L N V A F
S P I E L Z E U G N A S E T B
G Ü R T E L T A S C H E M Z D
```

Über Steve:

Wenn es um das Training von Hunden geht, hat Steve Mann den Durchblick.

Genau wie du hat Steve sich schon ganz früh in Hunde verliebt und hilft seither dabei, Menschen und Hunden beizubringen, wie sie zusammen ein glückliches, friedliches Leben voller Spaß haben können.

Neben dem Schreiben von Büchern – wie diesem Klassiker – hat Steve noch einen zweiten Job. Er bildet nämlich weltweit Menschen zu professionellen Hundetrainern aus, denn er will so viele Hundehalter und Hunde wie möglich erreichen und sie bei allen ihren Hundeausbildungsabenteuern hilfreich unterstützen.

Notizen

Notizen

Notizen

Notizen